들뢰즈의 씨네마톨로지

들뢰즈의 씨네마톨로지
Deleuzian Cinematology

지은이	조성훈
펴낸이	조정환
주간	신은주
편집	김정연
디자인	조문영
홍보	김하은
프리뷰	김소라 · 한태준
초판 1쇄	2012년 6월 16일
2판 1쇄	2022년 2월 28일
종이	타라유통
인쇄	예원프린팅
라미네이팅	금성산업
제본	바다제책
ISBN	978-89-6195-051-0 04300 / 978-89-6195-035-0 (세트)
도서분류	1. 철학 2. 미학 3.영화 4.문화연구 5.예술론
값	19,000원
펴낸곳	도서출판 갈무리
등록일	1994. 3. 3.
등록번호	제17-0161호
주소	서울 마포구 동교로18길 9-13 2층
전화	02-325-1485
팩스	070-4275-0674
웹사이트	www.galmuri.co.kr
이메일	galmuri94@gmail.com

Deleuzian Cinematology

들뢰즈의 씨네마톨로지

조성훈 지음

들뢰즈의
씨네마톨로지

차례

씨네마톨로지

질 들뢰즈 (Gilles Deleuze, 1925~1995)

씨네마톨로지

들뢰즈는 영화에 관한 두 권의 책(『씨네마 1 : 운동-이미지』,
『씨네마 2 : 시간-이미지』)에서 이미지를 그 본성적 차이에 따라
다양하게 분류한다. 들뢰즈가 개진한 그 이미지론의 방법을 우리
는 씨네마톨로지Cinematology라고 지칭한다. 씨네마톨로지는 영화
의 'cinema'와 증후학의 'symptomatology'를 합성한 용어이다. 증
후학은 증상들이 질병으로 결정되기 이전에 복합적으로 군집을
이루는 증후군을 그 본성상의 차이에 따라 나누고 분류하는 의학
의 한 분과이다. 『냉정함과 잔혹함 : 마조히즘』Coldness and Cruelty :
Masochism에서 들뢰즈는 마조히즘과 사디즘의 변태성을 분류하고

그들 각각에 고유한 본성을 부여하는데, 그에 따르면 증후학은 뉘앙스를 고려하여 질적 차이를 나누는 것을 그 고유한 절차로 삼는다. 이런 맥락에서 의학과 예술은 상호보완적이라고 들뢰즈는 지적했다.

질병을 이루는 요소로서의 증상이나 징후symptom, sign가 아니라, 감각이나 사유의 요소인 이미지라면 어떻게 될 것인가? 이것이 들뢰즈가 영화 이미지를 연구하면서 던졌던 질문이다. 그는 (영화) 이미지를 일종의 복합물 — 의학에서의 증후군처럼 — 이라고 생각했다. 예컨대 영화에서 기본단위로 흔히 간주되는 쇼트shot에는 단순히 하나의 감각 현상이나 단일한 의미만 있는 것이 아니라, 지각, 정감, 행동, 사유 등 다양한 역량들로 가득한 이미지들이 복합적으로 군집을 이루고 있다는 식이다. 이런 의미에서 이미지를 보고 듣고 느끼는 것은 혼란스럽고 복잡한 일종의 복합물을 경험하는 것이다.

혼란스럽고 복잡한 복합물인 이미지는 그 안에 많은 것을 감추면서 그것을 바라보는 우리를 속이고 기만하는 것처럼 보인다. 우리는 이미지를 외양이나 기만과 동의어로 생각하기도 한다. 선명하게 보이는 그 외관과는 다르게 심부에는 본질이라고 부르는 핵심을 신비롭게 품고 있기라도 한 것처럼 말이다. 들뢰즈는 이것이 이미지 자체의 기만이 아니라, 필요하거나 흥미로운 것만을 보고 받아들이는 우리 자신의 기만이라고 지적한다. 우리는 서 있는 자리에서 하나의 관점에 사로잡혀 보고 싶은 것만을 바라보고 삶에 필요한 것만을 취한다. 그럼으로써 우리 몸에 들어오는 이미지 전체로부터 무엇인가를 배제한다. 즉 현실 전체로부터 욕망하는 것과 필요한 것만을 감산하고 수축시켜 그 전체를 왜곡하는 것이다. 여기에 이미지의 기만을 넘어서 삶의 기만이 있다. 협소한 능력을 갖춘 육체와 특정 장소를 점유할 수밖에 없는 공간적 한계로 인해, 우리는 있는 그대로의 실재reality로부터 항상 무엇인가 덜 또는 편협하게 지각하여 삶 전체를 불완전한 모형으로 축소한다. 이런 이유로 들뢰즈는 우리가 이미지 전체로부터 제거하거나 놓쳐버린 것을 되찾아, 우리의 주관적인 심상을 넘어서는 이미지의 진정한 모습을 볼 수 있어야 한다는 점을 강조한다. 질병과 치료의 견지에서 증후(군)에 대한 증후학이 그렇듯이, 씨네마톨로지가 이미지를 분류하여 이미지에 복합되어 있는 다양한 역량들의 본성적이고도 질적인 차이를 나누고 솎아내는 이유가 이것이다. 영화 이미지론뿐 아니라 들뢰즈의 이론이 본성적으로 다른 것들을 분류하는 나눔이 이론이라고 명명될 수 있는 것은 바로 이 때문이다. 나아가 차이를 나누는 것 자체가 긍정이라는 것, 그리고 차이를 나누는 과정 자체가 의미의 발명과 창조라는 것을 우리는 앞으로 보게 될 것이다.

　　이러한 관점에서 들뢰즈는 베르그송Henri Bergson의 직관적1 형이상학의 명제들과 퍼스Charles S. Peirce의 기호학2에 의존하여 영화사에서 회자되었던 수많은 영화 이미지들의 다양한 뉘앙스와 질적 차이를 나누고 분류한다. 나눔과 분류는 객관적이고 엄밀한 태도를 필요로 한다. 하나의 관점만을 고수하거나, 특정 입장에 사로잡힌 자아는 나눌 수 없다. 말하자면 신의 어조가 필요한 것이다.

그가 다루는 주제를 크게 둘로 나누어 볼 수가 있다. 우선 물질의 운동이 있다. 그는 베르그송과 마찬가지로 이미지를 물질의 운동, 더 정확히는 빛의 운동과 동일시한다. 그의 이미지론을 존재론적이라고 말하는 것은 이미지의 유물론적인 측면이 강조되었기 때문이다. 예컨대 사르트르Jean-Paul Sartre는 이미지를 의식과 동일시했지만, 베르그송주의자인 들뢰즈는 이미지가 마음속에서 형성된 그림이기 이전에 물질과 같은 것이라고 생각했다. 그에 따르면 우리의 시각에서 일어나는 심상 자체가 빛이라고 하는 물질적 조건으로부터 기원하기 때문에, 존재론적으로 볼 때 빛-물질은 곧 이미지라는 등식을 생각하지 않을 수 없는 것이다. 이렇게 이미지의 물질적 근거를 확보한 다음에, 들뢰즈는 빛의 운동이 두뇌라든가 육체와 같은 다른 이미지(이미지는 물질이기 때문에 모든 육체 역시 이미지이다)와 만나서 어떻게 주관적인 형식으로, 즉 심상으로 변용되는지를 논증한다. 이런 식으로 물질-빛의 운동은 두뇌-육체와 만나서 지각, 정감, 충동, 행동, 그리고 사유(시간)로 주관화된다. 그에 따르면 영화는 이 존재론적 역량들[3]을 이미지의 형태로 표현하고 보존한다. 그래서 영화는 운동-이미지, 지각-이미지, 충동-이미지, 정감-이미지, 행동-이미지, 그리고 관계-이미지, 시간-이미지이며 동시에 이들의 복합이다.[4] 들뢰즈의 씨네마톨로지는 이 이미지 존재들의 형성, 변형, 뒤섞임, 분화, 소멸의 과정들을 논증하는 과정이며, 바로 물질적이고도 정신적인 모든 우주적 운동과 시간에 관한 역사라고 할 수 있다.

이 책에서는 들뢰즈의 씨네마톨로지의 방대한 개념과 논의들 중에서 중요한 몇 가지를 발췌하여 소개하고자 한다.

한 가지 유의해 둘 것은, 이 책에는 자질구레하다 할 정도로 각주가 비교적 많다. 출처인용을 위해서가 아니라 부수적이고 잉여적인 코멘트를 위해서이다. 이 책은 최초의 원고가 거의 완성된 후에 강의로 활용하기 위해 내용을 추가로 덧붙인 것이다. 따라서 수업시간에 학생들에게 곁가지로 전달해 주던 코멘트를 버리지 못하고 삽입한 탓에 각주가 많아졌다. 과감히 자신의 것을 지우는 것도 하나의 능력이므로, 이 책의 요란한 각주들은 무능력 때문이라고도 할 수 있다. 읽기에 방해된다면 무시해도 좋을 것이다.

이미지는
물질이다

앙리 베르그송 (Henri-Louis Bergson, 1859~1941)

이미지는
물질이다[1]

서구철학이 항상 제기해 왔던 문제가 있다. 가령, 정신과 물질, 주관과 객관, 의식과 사물, 혹은 이미지와 운동의 관계가 그것이다. 어째서 사물을 보고 나면 기억이 나고 생각이 날까? 육체적 경험이나 물질의 운동은 어떤 과정을 거쳐 기억에 남아 이미지가 되고, 또 생각은 어떻게 행동의 예비적 과정이 되어 사물의 변화를 야기하는 것일까? 즉 주관적 계열과 객관적 계열이 서로 어떻게 관계를 맺고, 또 우리는 그 관계를 무슨 근거로 믿을 수 있는

가? 이것이 서구인들의 커다란 질문 중 하나였다. 그리고 이러한 정신/물질이라는 이원론적 구도가 서구철학의 근간을 이루고 있는 것이기도 하다.

이 질문에 대한 전통적인 대답은 크게 두 부류로 나뉜다. 잘 알려진 두 유파, 즉 주관적인 인식과 외부 대상 간의 관계에 대한 문제를 다루는 관념론과 유물론이 그것이다. 관념론은 생각 속에 이미 사물의 존재가 준비되어 있다고 믿었다. 이에 따르면 세계는 어떤 존재의 생각(관념)이 실현된 것에 불과하다. 목수가 의자를 만들려면 머릿속에 의자의 모양, 용도, 크기를 비롯하여 의자의 관념2을 미리 떠올려야 하듯이, 존재하는 자연물, 사물, 사람은 이미 그들이 존재하기 이전에 그것의 관념 모델이 존재한다는 것이다. 그 관념 모델이 인간을 초월하여 객관적으로 존재하는 것이든, 아니면 인간의 감각작용에 의해 주관적으로 형성되든, 이 유파는 정신이 물질의 원인이거나 최소한 물질에 앞서 존재한다고 보았던 것이다. 반면에 유물론은 이와는 반대의 생각을 가지고 있었다. 이에 따르면 관념은 물질의 작용에서 부수적으로 파생된 효과에 지나지 않았다. 쉬운 예로, 생각이란 두뇌 물질의 특수한 운동의 결과일 뿐이다. 물질로 이루어진 육체의 일부인 두뇌가 사라지면 생각도 사라질 것이고, 심지어 육체가 없었다면 생각은 생겨날 수 없었을지도 모른다. 물질이 인간뿐만 아니라 우주를 이루는 근원적 알갱이 또는 실체라고 보는 관점이든(어떤 점에서 이 관점은 관념적인 것이다), 아니면 끊임없이 변하고 운동하는 생성의 과정으로 보는 관점이든, 이 유파에게 물질은 근원적인 것이며 정신보다 우선하는 것이었다. 관념론이 정신에 우월성을 부여하고 정신 안에서 물질을 설명했다면, 유물론은 물질에 우위를 두고 물질의 운동을 통해 정신을 설명했다는 점에서 이 둘은 서로 해소할 수 없는 대립을 이루고 있었다. 철학의 이 두 유파는 서로 설명하는 방식은 달랐지만, 각자가 이원론의 한 쪽에 자리를 잡고 설명을 했기 때문에, 즉 서로를 마주보며 저 편에 있는 상대를 자신의 관점으로 억지로 끼워 맞추어 가면서 정신과 물질의 관계를 보았기 때문에, 정신과 물질이 서로 어떻게 이행하는지를 설명하지는 못했다. 정신과 물질은 서로 만날 수 없는 것으로 정의된다는 점에서 이 둘은 별반 다르지 않아 보인다.[3]

들뢰즈는 관념론과 유물론의 전통적인 대답과는 다르게 이 문제를 설명하려 했던 두 사람을 언급한다. 현상학자인 후설 Edmund Husserl과 생명론자 베르그송은 관념론과 유물론의 이원론적 대립을 해소하기 위해 각자 다른 설명방식을 제시했다. 후설은 의식이 독립적으로 존재하는 것이 아니라 항상 대상과 붙어 있는 구조noesis-noema이기 때문에, 의식은 그 자체로 이미 대상과 관계를 맺고 있다고 설명한다.[4] 그의 잘 알려진 명제에 따르면, 의식은 항상 대상에 의미를 부여하는 정신적 작용이다. 즉 그것은 "무엇에 관한 의식"Bewußtsein von etwas이다.[5] 따라서 의식은 대상에 열려 있다는 것이다. 현상학은 이렇게 의식의 "지향성" 개념으로 주관과 객관의 직접적 관계를 정당화한다. 그러나 들뢰즈는 현상학이 여전히 전통적 설명에서 벗어나지 못했다고 보았다. "무엇에 관한 의식"이 대상에 대해 열려 있다고 해도, 주관성 내부에서 벗어난 것은 아니기 때문에, 여전히 주관과 객관의 이원론적 구도 안에서의 규정에 지나지 않는다는 것이다.[6]

반면에 베르그송은 이와는 전혀 다른 입장을 취한다. 그에 따르면 의식은 '~에 관한' 어떤 것이 아니라, 그 자체 어떤 것이다 : "모든 의식은 ~이다." 이 규정은 베르그송의 이미지론에 대한 들뢰즈의 해석 혹은 요약이라고 말할 수 있다.[7] 들뢰즈에 따르면 베르그송의 이 규정은 이원론적 구도를 넘어서 있다. 정신과 물질이 해소할 수 없는 심연을 사이에 두고 대립하는 부정적 구도 — 서로를 제한하고 자신 쪽으로 끌어들인다는 점에서 — 가 아니라 동일한 한 면 위에서의 (양적, 질적) 차이라는 사실이 명시된 것이다. 이로써 주관적 현상으로서 의식 표상은 다름 아닌 지각된 물질의 정신적 변용이고, 사물의 변화를 야기하는 실제 행위는 의식 표상의 물질적 구현이라는 정의가 나온다. 의식과 사물의 이 동일성을 정당화하기 위해, 즉 관념론과 유물론의 간극을 극복하기 위해, 베르그송은 "이미지"라는 개념을 창안(발명)하였다. 그가 정의한 "이미지"의 개념은 다소 특이하다. 이미지는 관념론자들이 말하는 (의식)표상과 유물론자들이 말하는 물질의 중간에 위치한 존재로서, 반은 주관성의 계열에 속해 있고 또 반은 객관성의 계열에 속한다. 이미지는 관념론이 말하는 것보다 더 한 존재(더 물질적)이고, 유물론이 말하는 것보다 덜 한 존재(덜 물질적)이다. 이미지는 사물 자체는 아니지만 사물과 외연이 같으며, 사물과 동일한 위상을 가지지만 동시에 주관성에 속한다. 이미지는 사물과 본성적으로 다르지 않다. 베르그송에 따르면 사물을 지각한다는 것은 이미 사물 안에 있는 것이다. 사물의 지각(혹은 지각된 이미지)과 지각된 사물은 양적으로만 다를 뿐 본성적으로 다르지 않다. 이러한 논의에 덧붙여 들뢰즈는 이미지를 보다 적극적이고 물질적으로 정의하기 위해 "운동-이미지"라는 조어법을 사용했다. 운동-이미지는 물질의 '운동'과 표상된 '이미지'의 동일성, 즉 물질과 표상이 동일한 두 측면을 이루며 한 몸처럼 공존한다는 뜻이다. 이렇게 베르그송과 들뢰즈가 정의하는 이미지는 외부에 열려 있는 의식을 넘어 외부 그 자체이다.

들뢰즈가 말한 운동-이미지, 즉 물질의 운동과 이미지가 동일한 상태의 가장 훌륭한 증거가 바로 영화이다. 영화는 그림이나 글과는 전혀 다른 물질적 차원에서 야기되는 이미지이다 — 물론 비디오나 디지털 이미지는 다른 문제이다. 그림이나 글은 재현된 것으로 간접적 현존이라고 말할 수 있다. 플라톤이 말했듯이 두 번의 모방을 거친 재현이 가지는 주관적 특성 때문에, 그림이나 글은 객관적 사실로서 증거가 되지 못한다(가령, 그것들은 법정에서 실효성이 없다). 그러나 영화는 재현이 아니라 직접적인 현존에 가깝다. 사진에 찍힌 대상은 바로 거기에 존재했던 그 무엇이다. 필름의 감광판에 빛이 타 들어가 그것의 물리적 흔적이 기록되어 영사된 이미지는 사물 자체는 아니지만, 그렇다고 그 사물이 아닌 것도 아니다. 빛의 화학적 변화(사진의 원리를 처음 발견한 사람들은 사진가나 발명가들이 아니라 화학자들이었다고 한다)로 만들어진 사진의 물질적 측면이 다른 종류의 환상이나 상상과는 구별된다는 점에서, 혹자는 사진을 "새로운 종류의 환각"이라고 정의하기도 했다(Roland Barthes, *Camera Lucida*, 115). 사진이란 사물로부터 발산되는 빛의 현존이기 때문이다. 사진의 물질성에 움직임 즉 운동을 부가한 것이 바로 영화이다. 세상의 모든 것은 이미지라고 말했던 베르그송은 우주의 어디에서나 사진이 찍히고 있다고 말했는데, 이런 점에서 영화란 다름 아닌 이미지들의 운동 혹은 운동하는 이미지 그 자체였던 것이다.

그러나 들뢰즈는 베르그송이 아이러니하게도 영화를 비판했다고 지적한다. 영화를 못마땅하게 생각한 것은 현상학도 마찬가지였다. 들뢰즈에 따르면 후설, 메를로-퐁티Maurice Merleau-Ponty, 심지어는 사르트르까지 모두가 영화를 간과했거나 비판했다. 사르트르는 스스로 환각제까지 투약하면서 경험을 통해 이미지들을 분류했지만, 이 이미지론(『상상력』과 『상상계』)에서 영화에 관한 언급은 없었다. 물론 현상학의 관심은 이미지의 물질성이 아니라 의식과의 관계였기 때문이겠지만, 무엇보다도 영화는 인간과 같은 자연적 존재가 사물을 지각할 때와는 전혀 다르게 사물을 허구적으로 왜곡(혹은 추상)시킨다고 보았기 때문이다. 현상학에 따르면 자연적 지각(인간의 지각)은 실존적 조건 하에서 발생한다. 지각 현상이 일어나는 장소는 몸인데, 이 몸은 세계 안에 정박하여 다른 사물들과 함께 있다. "세계-내-존재"In-der-Welt-sein로서의 몸은 사물을 지각할 때 세계로부터 초월적으로 떨어져 있거나 특정 대상만을 따로 떼어내어 보는 것이 아니라, 항상 그 대상과 함께 실존하는 가운데, 그리고 세계의 '지평'horizon 한복판에 깃들어 있는 가운데Inter-esse, 주변에 함께 존재하는 것들Mitsein과의 어떤 분위기stimmung 속에서 대상을 지각한다. 즉 지각은 지각주체와 대상의 실존적 정박을 조건으로 하는 것이다. 반면에 영화에서는 이 실존적 조건으로서의 지평이 없다. 자연적으로 경험된 풍경과, 사진이나 영화 이미지로 제시된 풍경은 지각의 차원에서 전혀 다른 위상에 속한다. 현상학에 의하면 영화 이미지는 대상을 '함축적이고 암시적인 지식'과 '이차적 지향성'으로 대체한다. 카메라가 복제한 대상에 대한 지각은 그 지향점 자체가 다르다. 세계 내에 정박하지 않고 지평과 무관하게 세계의 일부를 떼어내어 그 향기만을 경험하게 해 준다는 점에서 영화는 허구인 것이다.

반면에 베르그송은 영화가 잘못된 운동을 기계적으로 재현한다고 비판했다. 영화의 구조는 사진으로 찍혀 정지된 스냅 쇼트 묶음이 기계장치에 의해 동일한 간격으로 견인되어 돌아가면서 운동 효과를 자아내는 체계이다. 베르그송에게 운동이란 실질적인 하나의 흐름이자, 흐르는 매순간 질적으로 다른 것이다. 여기서 "하나"라는 말은 연속적이며 분할할 수 없다는 뜻이다. 운동은 지속적이고 연속적이며 분할할 수가 없으며, 분할을 하면 질적으로 달라진다. 그런데 영화는 이 실질적인 흐름이 마치 고체로 이루어진 공간이나 사물인 것처럼 정지시켜서 조각을 내고, 이를 다시 기계의 무차별적인 등간격 — 필름에 같은 간격으로 나 있는 구멍들 — 에 따라 운동을 양적으로 재구성한다. 베르그송은 운동의 이 잘못된 형식을 "영화적 환영"cinematographic illusion이라고 불렀다.(Bergson, *Creative Evolution*, 332) 이는 그가 여러 저작을 통해 그토록 비판해 왔던 테마 즉 자연적 지각과 지성 그리고 언어가 리얼리티를 '범주'나 '단어'와 같은 조각들로 잘라내어 이를 다시 자의적으로 재구성하고, 거기에 생명이나 운동의 '관념'을 덧붙이는 방식("그는 간다"와 같은 표현이나, 침팬지에서 인간으로 진화한다는 관념 등이 이에 속한다)과 흡사한 것이다. 현상학과 관점은 달랐지만, 베르그송 역시 영화를 허구적 운동이라고 보았던 것이다.[8]

그러나 들뢰즈는 베르그송의 이 생각에는 동의하지 않는다. 영화는 물론 정지된 사진단편photogramme인 필름조각을 이어 붙인 것이지만, 우리가 보는 것은 각각의 단편들이 아니라, 이들이 연속하고 움직이면서 그 간극 속에서 발생하는 효과 혹은 자취들이다. 들뢰즈에게 운동은 정지된 것들의 모임이 아니라, 그 사이에서 일어나는 이행 또는 효과이다. 이것은 물질 알갱이들의 이동으로 운동을 설명했던 기계적 유물론자들이 이해하지 못한 것이다. 따라서 영화는 앞서 말했던 정지된 단편들에 운동 관념이 외적으로 덧붙여진 형식이 아니라, 단편들 간의 상호작용에서 일어나는 운동의 내재적 변화이다. 더군다나 베르그송이 영화를 잘못된 운동이라고 비판하면서 원했던 것은 운동을 정지시켰다가 이를 다시 상상적으로 재구성하는 방식이 아니라, 끊임없이 변하고 운동하는 물질의 상태와 동일한 위상의 직접적인 지각이었다. 이는 현상학자들이 말했던 자연적 지각, 즉 지각주체가 중심을 잡고 세계 내에 정박하여 지각의 근거가 되는 어떤 형식 — 가령, 게슈탈트 Gestalt가 이에 속한다 — 을 부여받은 자연적 지각 이전의 순수한 물질적 상태의 지각을 의미했다.9 베르그송이 궁금해 했던 것은 지각의 형식적 구조가 아니라, 다름 아닌 물질과 동일한 위상의 존재성이었던 것이다. 따라서 문제는 물질적 상태가 정신적 계열로 이행하는 지점, 즉 물질과 정신이 만나는 절점을 연역하는 것이었다.

이렇게 해서 바로 『물질과 기억』에서 관념론과 유물론의 간극을 해소하기 위해 창안한 개념인 "이미지", 즉 관념론과 유물론이 서로 대립적이었지만 모두가 암묵적으로 동의하고 있었고, 또 현상학자들이 여전히 머물러 있던 의식적 지각(지각의 주관적, 의식적 측면) 이전의 탈중심화된 물질적 지각("순수지각")이 필요해지는 것이다. 다시 논의하겠지만, 이렇게 의식의 중심이 없는 물질적 지각으로부터 시작해서, 육체의 어느 지점에서 고정된 관점이 형성될 것이고, 이 관점은 점차 정신적 주관성으로 이행하게 될 것이다. 그런데 들뢰즈는 베르그송이 말했던 이미지 즉 "물질과 동일한 순수지각"10을 가장 잘 보여주는 것이 바로 영화라고 생각했다. 영화 이미지에는 인간적 지각에서처럼 정박도 없고, 지평도 없으며, 지평의 종합을 가능케 할 지각의 중심적 관점 역시 없기 때문이다. 영화의 구조적 단위인 쇼트가 좋은 예이다. 장면이나 연기를 다양한 구도로 연속해서 보여주는 하나의 쇼트에는 이미지의 운동, 즉 편집으로 구성되어 관념적 의미를 나타내기 이전의 물질과 동일한 위상의 흐름이 있으며, 쇼트와 쇼트의 이행에는 인간적인 지각을 벗어난 관점들의 탈중심적 변화가 있다. 쇼트들은 하나의 중심이나 관점에서 지각한 이미지가 아니라, 다양한 모든 측면에서 카메라에 의해 지각된 이미지들이다. 쇼트는 중심을 가지는 한 인물이 보는 그러한 비전이 아니다. 우리는 안정된 자세의 한 관점에서 영화를 보지만, 각 쇼트 자체는 카메라의 움직임을 통해 매번 다른 구도 속에서 중심을 갖지 않은 원근들이 이행한다. 현상학자들의 견해처럼 영화는 완전히 탈중심화되어 자연적 지각을 벗어나 있는 것이다(이런 점에서 현상학자들이 영화를 비판한 것은 그들 논리에서는 타당한 것이라고 할 수 있다). 이 모두를 종합해 볼 때, 결국 베르그송은 영화를 비판했음에도 불구하고 사실은 그와 가장 가까이에 있었던 것은 다름 아닌 영화였던 셈이다.

따라서 베르그송과 들뢰즈가 생각하는 이미지는 무엇보다도 물질-흐름이다. 흔히 이미지를 마음속의 상像으로 간주하지만, 그 전에 이미 그것은 물질적 흐름으로 실재한다. 베르그송에 따르면 "나타나는 모든 것은 이미지"이다. 이미지는 운동이고 파동이며, 생물학에서 말하는 최초의 원시적 스프상태primeval soup처럼 좌-우-상-하가 결정되지 않은 다양체의 흐름 그 자체이며, 모든 면과 모든 요소에서 서로 작용하고 반응하면서 서로를 지각하고 또 지각을 되돌려 주는 "보편적 변이"이다. 예컨대 빛은 스크린이나 불투명한 벽이 가로막지 않는다면 끊임없이 어디론가 퍼져 나가는 물질의 운동이다. 단단하게 형태를 갖추고 공간에 정박해 있는 사물이나 육체 역시 일종의 운동-이미지이다. 빛보다는 느릴지 모르지만 그 역시도 끊임없이 변질되어가는 흐름이기 때문이다. 생물체의 두뇌, 눈, 모두가 이미지이고 물질-흐름의 일부이다. 이들은 분자와 원자들이 끊임없이 재생을 이루는 일련의 집합이다. 원자들 역시 작용과 반작용이 무한히 확장되는 이미지이며 흐름이다. 이 물질-흐름이 청각을 형성하는 육체의 관점에서 수용되어 특정한 형태로 처리해야 할 문제로서 제기된 것이 소리-이미지라면, 시각기관의 관점에서 수용된 것은 바로 빛-이미지일 것이다. 베르그송주의자 들뢰즈에게 이미지란 무엇보다도 빛을 수용하는 시각기관의 관점에서 제기된 물질-흐름이다.

　이미지를 이렇게 규정함으로써, 주관성에 속한 것으로 간주되었던 이미지들을 물질의 계열과 동일한 위상에서 일원론적으로 설명할 수 있는 틀이 마련되었다. 들뢰즈가 이미지를 물질에 내재하는 빛의 관점에서 설명하는 이유는 무엇일까? 모든 사물은 의식이라는 조명-빛에 의해 인식되고 그 의미가 부여되기 이전에 이미 운동-이미지로서 자신만의 빛으로 존재한다는 것이다. 영화는 세계에 조명을 비추고, 그 빛을 받은 세계에 카메라를 들이대어 포착한 이차적인 이미지가 아니라, 사물 자신 안에 내재하여 사방으로 발산되는 빛으로부터 기인한다. 조명을 비추고 카메라를 대기 이전에 이미 우주 전체의 차원에서 사진과 영화는 찍히고 있는 것이다. 들뢰즈에게 이미지는 의식 이전의 물질적 실재이다. 이런 맥락에서 들뢰즈의 이미지론을 이미지 존재론이라고 부를 수 있을 것이다. 이제 문제는 물질-흐름-빛으로서의 운동-이미지가 어떻게 주관적인 계열로 이행하여 지각이 되고, 감정이 되고, 행동이 되고, 사유가 되는지를 밝히는 것이다.

2

간극과
따블로

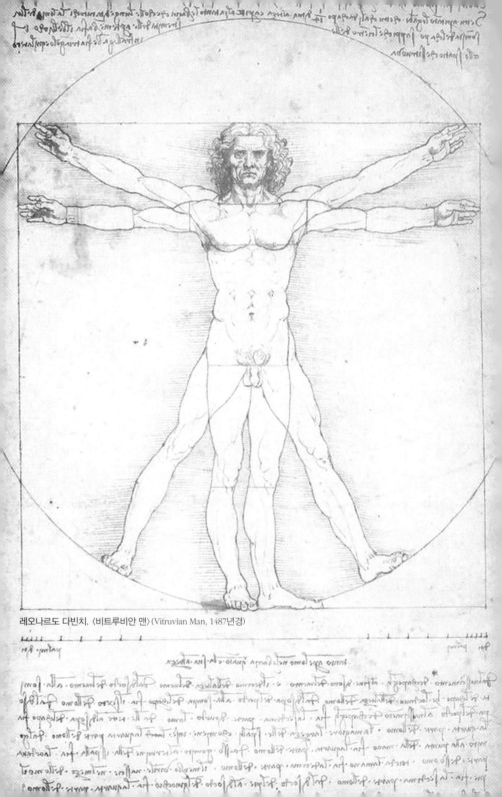

레오나르도 다빈치, 〈비트루비안 맨〉(Vitruvian Man, 1487년경)

간극과
따블로

운동-이미지의 상호간 무차별적 작용과 반작용은 자연의 법칙에 따라 (물리적)결정론적 체계 안에서 영향을 주고받으며 마치 영원히 반복하는 기계의 방정식처럼 일어났다가 사라진다. 물은 여지없이 위에서 아래로 흐르고, 대기는 에너지의 영향관계 하에서 바람을 일으키며, 모든 사물은 자신 안에 원자들의 미세한 진동을 품고 있다. 빛은 사방으로 영원히 퍼져나가는 물질의 흐름이지만, 동시에 다른 물질과 대면하여 서로가 영향을 주고받는 가운데 변한다. 물질적 자연에서는 흐름과 변화 외에 다른 어떠한 확고한 형식은 없어 보인다. 매순간 변하는 보편적인 운동에서는 고정된 것이 없기 때문에 윤곽이나 형태 또한 있을 수 없다. 거기에는 무형적인 것으로서의 절대적 자유가 있다. 그렇다면 이렇게 시시각각 변하고 중심도 없이 상호작용하는 보편적인 운동에서 어떻게 상-하-좌-우가 생기고, 그러한 방향 좌표의 기준이 되는 중심이 생기며, 어떻게 이 중심을 위시하여 사물의 윤곽과 외형이 생기고,[1] 더 나아가 느낌이나 정서와 같은 질적인 결정과 관념이 생겨나는 것일까?

이 질문에 대답하기 위해 들뢰즈는 자신의 이론에서 핵심적 주제인 "간극"interval의 개념을 제시한다. 즉 물질의 보편적인 작용과 반작용 사이에는 미세한 "간극"이 있다. 물질의 운동은 기계적으로 일어나고, 기계적 운동은 자연의 법칙 하에 결정론적인 체계를 이루고 있지만, 그 기계적이고 결정론적인 체계 내에는 그 체계적 운동에 균열을 일으키는 지대가 있다는 것이다. 간극은 베르그송 철학의 본질인 "생명(체)"을 정의해 주기에 충분한 조건이라고 들뢰즈는 지적한다. 즉 간극이란 물질의 기계적이고 도식적인 운동 사이에서, 도식에 제동을 걸거나 그곳에 새로운 것을 삽입할 여지를 주는 틈이자 균열이다.[2] 이 벌어진 틈이 생명의 조건인 이유는 틈의 심연이 물질의 기계적 결정론으로부터 벗어나는 유일한 지점이기 때문이다. 베르그송에게 생명이란 새로움의 창조를 의미하는데, 예컨대 자연과학적 질서로 생명이나 사회를 설명하고자 했던 실증주의나 기계론이 주장하는 결정론(적 운동) — 물리법칙에 따라 일어나는 무미건조하고 진부한 운동 — 을 넘어서는 생성(적 운동)의 계기가 없이는 생명이란 있을 수 없다. 결정론을 벗어난다는 점에서 간극은 그 무엇도 결정되지 않은 미결정 지대이며, 이 지대에서 비범한 무엇인가가 만들어진다. 다시 말해 간극 안에서 생명은 스스로를 창조하는 것이다.

들뢰즈의 씨네마톨로지에서 다양하게 나누어지고 분류되고 있는 이미지들의 차이란 사실상 이 간극 속에서 형성하고 소멸하는 운동의 다양한 변용이다. 간극이 형성되는 과정은 비교적 상식적이다. 유기체는 진화를 거듭하면서 외부로부터 수용된 운동을 전달하고 분석하는 신경계의 운동과정이 복잡해진다. 반사운동의 유형에서 볼 수 있듯이, 하등동물일수록 운동은 자연법칙에 따라 결정론적으로 행해지기 때문에, 자극에 대한 반응이 보다 직접적이고 신속하다. 생존을 위해 자신의 생명 전체를 이러한 직접적 반응에 할애하는 것이다. 어떤 점에서 빠른 속도, 신속한 반응, 직접적인 물력force 등은 저차원적인 자연에 속한다고 말할 수 있을 것이다. 이러한 즉자성은 물질의 계열 쪽으로 혹은 무기물의 계열 쪽으로 갈수록 강해져서, 이 계열에 가까운 생명체의 운동은 순간적이고 조야하며 말초적인 경향성을 취한다. 그러나 고등동물일수록 반응의 운동기제, 즉 운동의 수용과 전달의 세분화는 다양해지고 복잡해져서 그 직접성은 약화된다. 복잡성은 유기체 내의 작용과 반응 사이에 거리를 벌려 놓아 운동이 즉각적으로 일어나는 것을 방해하기 때문이다.

한편 이 복잡성은 작용에 대한 반응의 선택의 폭이 많아진다는 것을 의미한다. 유기체는 망설이고 기다리는 가운데, 결정론적이고 기계적인 운동 이상의 변화를 내부에서 겪는다. 물질적 수준의 변화는 우선 반사와 굴절이 될 것이다. 나아가 외부의 자극에 즉각적으로 반응하는 대신에 그 자극을 지속적으로 머물게 한다든가, 어떤 자극은 수용하고 어떤 자극은 거부하며 또 어떤 자극은 묶는 등의 선별 작업을 할 것이다. 그 과정에서 대상을 느끼는 폭은 넓어지고, 자극의 지속을 겪음으로써 질을 느끼며, 그 느낌을 넘어 자극을 준 그 대상에 대해 사유하는 의식의 활동이 개입할 가능성이 높아진다. 간극의 폭에 따라 유기체는 직접적으로 접촉하거나 반응할 수 없는 대상에 대하여 선험적으로 평가할 수 있는 계기가 주어진다. 이렇게 보면 간극이란 지속의 폭과 동의어이다. 간극이 넓을수록 자극이나 통각痛覺의 지속이 커지며, 그 지속 안에서 새로운 어떤 것의 발생가능성은 높아진다. 이런 식으로 생명의 물질적 운동은 주관성의 운동으로, 나아가 사유의 탄생으로 이행할 것이다.

그렇다면 간극이 발생하고 그 간극 안에서 주관적 의식이 탄생하는 '장소'는 어디일까? 베르그송은 그 특별한 이미지를 바로 '두뇌' 혹은 '육체-이미지'라고 불렀다. 운동-이미지, 즉 물질-흐름-빛은 중심이 없이 모든 면과 모든 부분에서 서로 무차별적으로 작용하고 반응하는 즉자적 운동이지만, 육체-이미지는 스스로 중심이 되어 자신의 작은 변화에 따라 상대적으로 변하는 다른 이미지들을 주변으로 간주하는 특권을 가진다. 운동-이미지가 즉자적이고 절대적인 운동이라면, 육체-이미지는 중심에 의해 그리고 중심에 대하여 상대적으로 운동한다.

> 나의 육체가 공간 속을 이동함에 따라 다른 모든 이미지가 변한다. 반면에 내 육체는 변화하지 않는다. 그래서 나는 내 육체를 중심으로 설정하고, 다른 이미지들을 여기에 연관시킨다.(Bergson, *Matter and Memory*, 43)[3]

자의적으로 자신을 중심으로 간주한 두뇌-육체는 자신의 변화에 따라 상대적으로 변하는 다른 이미지들의 특정한 면과 특정한 부분을 '차별'하고 '선별'한다. 즉 운동-이미지의 다양한 측면들 중에서 자신의 필요에 부합하는 특정한 면과 부분을 골라내고, 이들을 다른 이미지들로부터 '고립'시킨다. 이런 식으로 소리-물질은 청각장에 수용되면서 '분절'되어 청각 이미지가 되고, 흐름으로서의 빛-물질은 망막에서 '여과'되어 특정한 윤곽을 가지는 단편으로서의 시각 이미지가 된다. 이처럼 보편적 변이-진동-파장으로서의 이미지들 — 베르그송에 따르면 "이미지 일반" 혹은 "물질적 세계 일반" — 은 두뇌 혹은 육체-이미지와 관계하면서 일정한 방식으로 위치성과 현실성을 가지게 된다. 이것이 바로 지각의 '포착' 기능에서 '틀 잡기'로 나아가는 과정이다. 이렇게 들뢰즈는 베르그송의 이미지 개념을 빌려와 순전히 물질적인 것으로부터 지각과 그 후의 주관성의 발생을 정의한다.

> 닫힌 체계들, 즉 '따블로'tableaux가 구성되는 곳이 바로 여기이다. 살아 있는 존재는 '외부의 자극들 중 자신들이 무관심한 것들은 모두 통과하도록 내버려두고; 자신들의 관심에 상응하는 다른 이미지들은 고립시키고, 이 고립된 이미지들은 그 고립에 의해 지각이 된다.' 이 작용이 바로 틀 잡기framing이다.(Deleuze, *Cinema 1*, 62)[4]

그러나 틀을 구성하기 위해서는, 운동-이미지를 '분석'하고 '선택'하여 이들을 종합할 수 있는 시간, 다시 말해 간극이 필요하다. 베르그송이 생명의 진화를 과학적으로 결정된 법칙의 전개가 아니라 창조의 과정이라고 규정함으로써 의도했던 것이 바로 이 것이라고 들뢰즈는 지적한다. 생명은 간극 안에서의 이 망설임의 심연 덕분에 결정론적 운동에 종속되는 것만은 아니라는 것이다.

> 이러한 특권은 단지 틈의 현상, 혹은 수용된 운동과 실행된 운동 사이의 간극의 현상에만 기인하기 때문에, 생 이미지는 '비결정의 중심'이 될 것이다. 그리고 그것은 운동-이미지들의 중심이 부재하는 우주 속에서 형성된다.(같은 곳)

생명이 운동-이미지 내에서 형성된다는 이 구절은 앞서 언급했던 관념론 또는 현상학적 이원론에 대한 비판을 담고 있다. 여기서 정신과 물질은 이원적으로 분리되지 않는다. 앞서 우리는 유물론과 관념론의 이원론적 대립을 어떻게 극복하는지가 궁금했다. 그 대답으로 베르그송은 육체-두뇌에서의 간극이라는 개념을 끌어들였다. 운동-이미지에는 기계적 법칙에 따라 보편적 변이를 일으키는 물질의 작용 이상의 지대(간극)가 있음을 밝힘으로써 기계적 유물론의 결정론을 벗어나고 있고, 다른 한편 그 간극 속에서 창조되는 주관성은 중심이 없는 운동-이미지에서 파생되는 것임을 말함으로써 추상적 관념론을 벗어난 것이다.

이미지들의
변주

베네딕트 데 스피노자 (Benedict de Spinoza, 1632~1677)

이미지들의 변주

들뢰즈의 논의를 정리해 보면 이미지에는 두 가지 "지시체계"가 있음을 알 수 있다.[1] 하나는 물질-운동-이미지로, 여기서 이미지들은 중심이 없이 상호작용을 하며 절대적으로 변한다. 반면에 두뇌-육체-이미지는 중심을 잡고 필요에 따라 다른 이미지들의 부분만을 수용한다. 이미지들은 이 중심과 연관되어 그것에 대하여 상대적으로 변한다. 이미지들이 이렇게 상대적으로 변하는 방식에 따라 지각-이미지, 정감-이미지, 행동-이미지, 시간-

이미지 등으로 구분된다(이 이미지들 사이에 충동-이미지, 관계-이미지, 크리스탈-이미지[2] 등 다양한 이미지 변용이 나온다). 이렇게 하여 이미지의 두 가지 지시체계가 일별되었다. 하나는 절대적 체계이고, 다른 하나는 상대적 체계이다. 어떤 점에서 이 두 지시체계는 영화의 구조적 메커니즘과도 같다. 중단 없이 발산되는 빛이 있고, 이 빛의 특정 면을 수용하거나 거절하는 불투명한 스크린이 있는 식이다.[3] 마찬가지로 두뇌-육체는 마치 불투명 스크린처럼 물질-운동-이미지를 받아들이거나 굴절시키면서 여러 주관적 이미지들로 변주한다. 이는 마치 서로 접히고 펼쳐지면서 다양한 굴곡과 주름을 형성하는 다양체 그 자체로서의 자연, 좀 더 구체적으로는 스피노자의 자연을 닮아 있다. 이런 맥락에서 들뢰즈의 씨네마톨로지는 물질을 수용하고 굴절하는 사유의 모든 역사이다. 이렇게 변주된 이미지들을 몇 가지로 나누어 살펴보자.

1. 지각-이미지

사물을 지각할 때 우리는 관심을 끌거나 필요한 것만을 받아들이고 그렇지 않은 것은 **뺀다**.[4] 지각의 필요와 관심은 사물의 특정 부분에 윤곽선을 긋거나 특징을 강조해서, 그 부분이 보다 더 현실적인 대상이 되게 한다. 좌표 지점이 설정되면 보다 뚜렷이 볼 수 있고 보다 쉽게 잡을 수 있기 때문이다. 가령, 카메라가 특정 대상에 포커스를 주어 그것을 뚜렷하게 하는 동안 나머지 대상은 윤곽선이 불분명해진다. 이러한 사실은 지각이 감산의 방식(선택을 포함하여)으로 작동한다는 것을 말해 준다. 유기체가 체험하는 현실은 과잉되어 있기 때문에 그 전부를 포착할 수가 없다. 전부를 포착하려면 무한한 시간과 노력과 희생이 필요하다. 실재의 모든 자극을 지각하고 그것을 포착하기 위해 되새겨야 한다면, 유기체는 죽을 때까지 어떠한 목표도 실현하지 못하고 현기증에 사로잡혀 버릴 것이다. 살아가기 위해, 갈 길이 있기 때문에, 한없이 머물 수만은 없기 때문에, 유기체는 생존에 필요한 것 혹은 관심을 끄는 것만을 받아들여야만 하는 것이다. 이런 점에서 지각은 삶의 필요(또는 흥미)의 산물이다.5 물질-흐름으로부터 흥미로운 것에 밑줄을 긋고 나머지는 빼는 작용이 지각이라면, 이렇게 발췌된 물질-흐름 혹은 감산된 운동-이미지가 바로 지각-이미지일 것이다. 결국 지각-이미지는 사물 또는 물질-흐름-운동-이미지와 양적으로만 다를 뿐 본성적으로는 동일하다. 사물에 대한 지각은 지각되는 사물 그 이상도 이하도 될 수가 없으며, 이 둘은 엄밀한 의미에서 동일하다.6 사물은 우리가 지각하는 것 배후에 아무것도 가지지 않는다. 즉 지각은 우리 안에서가 아니라 사물이 있는 바로 그곳에서 일어난다.7 그러나 지각은 지각된 사물보다 양적으로는 덜하다. 따라서 그것은 사물 그 자체는 아니며, 사물로부터 감해진 만큼 우리의 주관적 상태와 완전히 무관하지도 않다. 감산 자체가 일종의 주관성의 반영이기 때문이다. 주관성이 객관성에 대하여 부분적이고 편협하다면 바로 이런 이유 때문일 것이다. 들뢰즈는 지각을 마치 카메라의 포착기능처럼 말하고 있는데, 사진이 아무리 물질-빛의 직접적 수용이라고 해도 이미 포착 자체가 주관적 과정인 것이다. 이렇게 지각은 객관적 상태 또는 물질적 위상을 가지지만, 동시에 주관적 상태이기도 하다. 지각 안에서 객관적 상태와 주관적 상태는 서로 혼합되어 있다.

> 한마디로 말해 사물과 사물에 대한 지각은 '포착'prehension이라고 말할 수 있다. 다만 사물은 총체적이고 객관적인 포착이며, 지각은 불완전하고 편협하며 부분적이고 주관적인 포착이다.(같은 책, 64)[8]

지각과 사물의 이 동일성 덕분에 베르그송은 유물론과 관념론이 간과한 것, 즉 정신과 물질 혹은 주관성과 객관성의 동일성을 정당화할 수 있었던 것이다. 이로부터 들뢰즈는 운동-이미지를 최초로 주관화시키는 운동으로서의 이 지각을 "주관성의 최초의 물질적 순간" 혹은 "운동-이미지가 비결정성의 중심[두뇌-육체]와 관계할 때의 첫 번째 구체화"라고 정의하기에 이른다.(같은 책, 63~64; [ ]표시는 필자)

2. 행동–이미지

그러나 이미지가 감산(빼기)으로만 이루어지는 것은 아니다. 이미지의 보편적인 운동이 육체라는 중심과 관계하면서 이미지는 이 중심을 향해 휘어지거나 그 중심을 에워싸 주변에 모여들기도 한다. 중심을 위시하여 세계가 휘어지면서 그 주변은 지평을 형성할 것이다. 육체에 의한 이미지의 만곡을 들뢰즈는 행동–이미지라고 부른다. 이 과정은 마치 사자가 먹이를 포착한 후, 그 먹이를 향해 달릴 준비를 취하는 자세와도 같다. 몸은 먹이 쪽으로 향하고[9] 나머지 모든 공간은 몸과 먹이 주변으로 휘어진다. 베르그송은 지각이 잠재적 행위(실제적 행위가 아닌)의 단위라고 말했는데, 이는 지각 자체가 이미 행동을 위한 예비과정이라는 뜻이었다. 이런 의미에서 지각과 행동은 육체 내에 수용된 자극과 이에 대한 육체의 반응 사이에 놓여 있는 간극이나 망설임의 두 측면이다. 작용과 반응 사이의 간극 한 쪽에는 지각이, 그리고 다른 한쪽에는 행동이 자리 잡고 있다.[10]

지각이 미결정된 중심(육체)에서 일어나는 대상의 포착이라면 행동은 지연된 반응이다. 따라서 지각–이미지는 어떤 측면에서 이미 행동–이미지이다. 즉 지각–이미지와 마찬가지로 행동–이미지는 육체로 수용된 운동–이미지의 또 다른 변체이다. 지각–이미지가 마치 조각을 하듯이 운동–이미지의 어떤 부분은 빼고 필요한 부분은 선택하고 마름질을 하여 대상의 윤곽과 틀을 마련하는 반면에, 행동-이미지는 육체와 외부세계 사이의 간극에서 운동-이미지로 하여금 굴곡과 분절을 일으키게 한다. 그것은 세계를 수축하거나 해체하거나 내부를 가름으로써 세계의 공간적 위상을 휘어지게 한다. 그렇게 들뢰즈는 행동-이미지를 물질의 두 번째 주관성, 또는 "주관성의 두 번째 물질적 측면"이라고 불렀다(같은 책, 65).

　　행동-이미지의 언어적 변용을 우리는 동사에서 찾을 수 있다. 운동을 순간적으로 포착하여 그 외형이나 실체를 잡아두는 지각-이미지가 명사적 변용("달리기," "자동차," "저것은 손가락이다")인 것과는 대조적이다.[11]

> 지각이 운동을 실체(명사 혹은 실사), 즉 움직이는 육체 혹은 움직이는 사물의 역할을 하게 될 단단한 대상과 관련짓는 것과 마찬가지로, 행위는 운동을 가정된 결과에 의존하는 동작(동사)에 결부시킨다.(같은 곳)

　　주의해야 할 것은 행동-이미지를 운동-이미지와 혼동해서는 안 된다는 것이다. 동사는 운동, 진동, 혹은 변화 그 자체의 표현이 아니라, 운동을 가시적으로 수행하는 육체의 동작을 묘사하는 일종의 재현이다. 가령, 식욕에 의해 몸속에서 변화가 일어날 때,[12] 눈이 어떤 대상을 향하거나, 손이 물건을 잡거나, 침을 흘리듯이, 육체나 물체를 통해 운동이 새겨지고 자취가 드러나는 모양을 공간적으로 묘사하는 것이 동사이다.[13] 먹다, 때리다, 달리다, 이 모두는 육체의 이동행위이지만, 그 아래에는 근원적 변화와 진동이 있다. 행동은 이 변화와 진동을 육체적으로 재현한다.

3. 정감-이미지

간극에는 지각의 측면과 행동의 측면이 있다. 들뢰즈는 그들 사이에 중간자가 있다고 덧붙인다. 바로 운동-이미지의 세 번째 변체 혹은 주관성의 세 번째 물질적 측면인 정감affection[14] 혹은 정감-이미지이다. 정감은 지각처럼 뚜렷한 윤곽선이 그어진 대상을 갖지도 않으며, 행동처럼 휘어지거나 대상을 휘어지게 하지도 않는다. 말하자면 정감은 우리의 신경체계가 지각이나 행동처럼 신체 밖의 세계를 포착하거나 그에 반응하는 것이 아니라, 신체 내부에서 일어나는 동요와 혼란을 처리하여 육체를 온전하게 보존하기 위한 무기력한 노력이다. 정감은 지각할 수 없는 혼란과 행동할 수 없는 망설임 사이에서, 즉 포착과 반응의 실패 또는 좌절 한가운데서 떠오른다. 즉시 반사할 수 없거나 처리할 수 없는 일정한 힘이 간극을 점유하고 있을 때, 육체가 어떤 힘을 느끼고 감지하지만 그것이 무엇인지 구체적으로 형상화할 수 없을 때, 자신에게 들어온 그 자극을 외부의 대상에 투사할 수 없을 때, 육체는 그 자신의 진동과 감응을 내부에서 느끼는 단계를 가지는 것이다.

육체가 내부에서 바로 자신을 느끼는 과정에 대해 베르그송은 이렇게 설명한다.[15] 분화되지 않은 생물체, 예컨대 아메바는 이 물질로 자극을 가하면 즉시 수축한다. 즉 지각과 (반사)행동이 수축성이라고 하는 하나의 특질 속에 뒤섞여 즉자적이다. 그러나 복잡하게 분화된 유기체에서 이 작업은 분담되어 기능들이 세분화되고 그 해부학적 요소들은 각각 독립적이 된다. 신경체계는 감각섬유와 운동섬유로 분화되고, 이러한 수용기관과 반응기관의 분업에 따라 지각과 행위(반응)가 불일치하는 것이다. 가령, 감각섬유는 외부로부터의 자극을 중추신경계에 보내는 일만 전적으로 맡고,[16] 유기체의 운동요소들은 전달된 자극으로 운동한다. 감각섬유들은 유기체 전체의 운동을 돕기 위해 분업을 하면서 특정 역할에 종속되어 있기 때문에, (자율적) 운동성을 상실하고 자신의 고유한 개별성을 포기한 것처럼 보인다. 운동능력이 있는 유기체 전체는 스스로 외부의 자극을 치유하거나 피할 수 있는 반면(가려우면 긁고, 위험하면 피하거나 움츠러드는 행위), 감각섬유들은 이 분업에 따라 상대적으로 부동성을 유지한 채 외부로부터 온 자극을 감내해야만 한다. 일정하게 머물러 있는 이 자극을 감내하는 가운데, 그들은 자신 안에서 지속을 느낀다. 베르그송에 따르면 여기서 바로 고통이 발생한다. 그에 따르면 고통이란 움직일 수 없는 상태 속에서 손상된 요소들을 복구하려는 노력, 즉 "감각신경 위에서 일어나는 일종의 운동 경향, 즉 움직이지 않는 신경 수용판의 운동하려는 노력"이다(Deleuze, *Cinema 1*, 66).[17] 이 노력이란 다름 아닌 외부로부터 가해진 자극을 받아들이지 않고 거절하는 순간이다. 이것이 바로 단순히 자극을 반영(반사)하는 지각과 자극을 거절하거나 흡수하는 정감이 본성적으로 다른 이유라고 베르그송은 지적한다.[18] 그에 따르면 정감은 단순히 외적인 자극을 반영하지 않고, 그것과 싸우기도 하며, 자극의 특정 부분을 병합하거나 완화하기도 한다. 정감에는 지각과는 달리 거절이나 흡수와 같은 정신의 적극성이 개입되어 있다(Bergson, *Matter and Memory* 54; 베르그송, 『물질과 기억』, 98쪽).[19]

베르그송은 흡수나 거절과 같은 정신적 계기를 통한 정감의 설명 외에 정감의 물리적 조건에 대해서도 언급한다(같은 책, 57; 『물질과 기억』, 101쪽). 지각이 신체 외부의 포착이라면, 감각은 신체 내부에서 느끼는 것이다. 더 정확히는 외부의 자극이나 대상을 느끼는 것이 외적인 감각이라면, 신체에 머문 운동을 느끼는 것은 정동적 감각affective sensation 즉 정감이다. 지각은 외부자극이 주체에게 미칠 수 있는 영향 혹은 위험을 반영하지만, 무엇보다도 주체가 그 대상에 가할 수 있는 잠재적 행위의 정도를 반영하는 힘의 단위이다. 지각은 삶의 필요에 따라 요구되는 행동의 준비라고 이미 언급했다. 신경계가 보다 복잡하게 분화되면, 지각은 더욱 더 섬세해지고 넓어지며, 지각 능력이 증대하면 곧 육체의 잠재적 행위 능력도 커질 것이다(더 멀리 본다든가, 더 깊이 본다든가). 그런데 어떤 점에서 지각 능력은 정확히 주체와 대상 사이에 놓인 거리의 정도가 좌우한다(가까우면 잘 보이고, 멀면 안 보이고). 따라서 거리가 멀어지면 지각은 감소할 것이고, 가능한 행위 역시 감소할 것이다. 반대로 거리가 감소하면 지각은 증대(위험에 대한 인지기능의 강화)하고, 가능한 행위는 더 현실적이 되어, 육체는 실제적인 행동을 취하려는 경향을 가진다. 육체와 대상의 이 거리는 외부의 위험이 얼마나 절박한지 절박하지 않은지, 그리고 행위 결과의 실현이 얼마나 가까운지 멀리 있는지를 말해 준다. 그러나 거리가 0이 되어 육체(지각)와 대상이 일치하는 경우, 즉 육체 자체가 지각의 대상이 되는 경우, 지각은 더 이상 잠재적 행위의 척도나 반영이 아니라, 실제적인 행위와 동일한 위상의 표현이 된다. 여기서 행동은 공간적이길 그친다. 행위 즉 근육을 움직여서 공간적 이동을 하는 것이 아니라, 표현 즉 질적인 변화가 일어난다. 달리 말해 공간적·시간적 양태들을 잃어버리는 것이다. 이것이 정감 즉 "정동적 감각"이다. 즉 내부의 지각, 신체 내부의 느낌. 지각은 외계의 대상 즉 신체의 외부에서의 포착인 반면, 정감은 안에서 일어나는 그 무엇 즉 신체의 내적 운동에 대한 감각이다.

외적인 것과 내적인 것의 공통의 한계인, 신체의 표면은 지각되는 동시에 감각되는 유일한 연장적 부분이다. 그 사실은 언제나 나의 지각은 내 신체 밖에 있고, 나의 정념은 반대로 내 신체 속에 있다는 것을 뜻한다. 외적 대상들이 나에 의해서 그것들이 있는 곳에서, 즉 내 안에서가 아니라 그것들 안에서 지각되듯이, 나의 정념적 상태들은 그것들이 산출되는 곳에서, 즉 내 신체의 정해진 한 지점에서 느껴진 다.(베르그송,『물질과 기억』, 102~103쪽)[20]

　중요한 것은 운동 일반이 다양하게 변주되는 곳이 바로 간극 이라는 점이다. 운동-이미지는 간극 속에서 두 가지의 구별되는 운동으로, 즉 한편에는 지각을 이루는 수용-포착의 운동으로, 다 른 한편에는 행동으로서의 수행-만곡운동으로 배분되어 갈라진 다. 이렇게 볼 때 간극은 운동의 연속성을 부수어 서로 다른 두 운 동으로 단절(혹은 분절)시키는 지대처럼 보인다. 그러나 들뢰즈 에 따르면 간극은 운동의 단절이 아니라, 운동의 새로운 질서가 편성되는 곳이다. 수용 운동과 수행운동 사이에는 정감이 그 역할 을 맡게 될 표현운동이 일어난다. 정감은 그 간극을 점유한 채 수 용 운동과 수행운동의 기계적 이행에 거절이나 흡수로 지속의 계 기를 삽입하고, 움직이지 않는 요소(움직이지 않는 신경판처럼) 를 자극하는 질적인 경향을 세움으로써 이행(동)을 표현으로 전 환시킨다. 가령 아픔이 느껴질 때 생물체는 반사적으로 몸을 움츠 리거나 흔들어 통각을 피하려 한다. 수용 운동이 실행 운동으로 기계적으로 전환되는 것이다. 그러나 움직일 수가 없어 통각을 피 하지 못할 때, 고통을 삭히는 동안 얼굴은 붉어지고 표정은 일그 러진다. 신체의 운동은 국지적으로 잠재화되어 공간성을 잃고 질 적 경향으로 대체된다. "신체의 나머지에서는 거의 드러나지 않고 묻혀 있는 표현운동이 유독 얼굴에서는 빛을 내고 있다는 점에 놀

랄 필요는 없을 것이다."(Deleuze, *Cinema 1*, 66)

　　결국 운동-이미지는 특별한 이미지와 만날 때, 즉 구체적 형
태나 의미가 결정되지는 않았지만 모든 이미지의 중심이 되는 육
체와 관계할 때, 세 가지의 이미지로 갈라진다. 포착 단계의 지각-
이미지, 전달과 수행 단계의 행동-이미지, 그리고 흡수와 거절의
정감-이미지가 그것이다. 언어를 운동-이미지의 기호적 물화物化
로 간주한다면, 운동-이미지의 변주를 언어적 변용으로 말할 수
도 있을 것이다. 가령 지각은 사물의 포착으로서의 명사와 관계하
고, 행동은 운동체의 묘사랄 수 있는 동사와 관계한다. 그리고 정
감은 사물의 특질을 표현하는 형용사와 관계한다. 마찬가지로 영
화를 운동-이미지의 배열이라고 본다면, 지각-이미지는 사물 전
체의 윤곽을 드러내는 롱쇼트long shot와 관계하고, 행동-이미지는
움직임을 추적하는 중사middle shot, 그리고 정감-이미지는 모든 사
물을 얼굴화하여 그로부터 특질을 뽑아내는 클로즈업close-up과 관
계할 것이다. 모든 육체는 그 자신 안에서 '우연적으로' 또는 '자의
적으로' 세계의 중심이 된다. 그리고 우연적으로 형성된 이 중심
으로서의 육체는 이 세 가지 이미지를 산출하고, 또 육체 자체가
이미 이 세 이미지(지각, 행동, 정감)의 아쌍블라주assemblage에 지
나지 않는다.

4

이미지의
소멸

사무엘 베켓 (Samuel Beckett, 1906~1989)

이미지의
소멸

들뢰즈의 씨네마톨로지에 보편적인 주제 하나가 있다. 소멸(또는 소거)의 운동이 그것이다. 들뢰즈가 예술에 관해 쓴 대부분의 저작에는 이 소멸의 운동에 관한 논의가 있다. 간단히 말해 소멸의 운동이란 형태나 윤곽선 또는 프레임을 지워나가는 과정을 말한다.[1] 베르그송주의자인 들뢰즈가 보기에 형태란 유기체가 생존하기 위해 무형적인 운동–흐름으로부터 삶의 필요에 따라 만든 일종의 윤곽선 또는 프레임이라고 할 수 있다. 생명이 살아가려면 경험된 모든 것을 단단한 사물처럼 변형해야 한다.[2] 이 소멸의 운동은 앞서 설명한 이미지의 변주, 즉 보편적 변이로서의 운동-이미지가 현실적 이미지들로 현실화하는 것과는 반대의 경향이다. 앞에서는 흐름으로서의 이미지가 점차 형태와 윤곽선을 잡아가고, 행위로 분절되고, 삶의 필요에 맞게 변해가는 과정을 보여주었다. 이는 어떤 측면에서는 창조의 과정이지만, 다른 측면에서는 고체화와 화석화의 과정이다. 건물을 짓는 것은 창조이지만 지어놓으면 붙박여 살아야 하는 것처럼 말이다. 그러나 이제는 형태(무형 즉 흐름과 운동에 대응하는 개념)를 지우고, 공간(시간 또는 변화에 대응하는 개념)을 지우고, 육체(영혼과 지속에 대응하는 개념)를 지우고, 모든 감각 가능한 상태를 소거하여, 강렬도 0에 가까운 지대로 혹은 미결정의 지대로, 즉 기관이 결정되기 이전의 배아 상태와도 같은 육체로 퇴행하는 것이다. 이 퇴행은 이미지가 변주한 결과로서의 공간, 사물, 그리고 삶을 거꾸로 되돌려 운동-이미지 상태를 회복하려는 의도처럼 보이기도 한다.[3] 이미지의 변주 과정이란 운동의 흐름으로부터 어떤 일시적 순간의 형틀을 만드는 것이었다. 운동-이미지에서 지각-이미지, 행동-이미지, 정감-이미지로 가는 길은 일종의 창조적 현실화 과정이지만, 다른 한편 보편적이고 부단한 변화에서 특정 부분만을 편협하게 수용하여, 그것을 특정한 형태로 고체화하거나 거기에 임의로 점을 찍는 과정이었다. 이로써 주체는 존재론적으로 정체하고 안주한다. 주체라는 개념 자체가 중심이 결정된 후의 상대적 존재이다

사진 1. 베켓의 영화는 커다랗게 열리는 눈이 화면 전체를
차지하면서 시작한다. 이는 지각의 열림을 보여주는 듯하
다. 그리고 카메라는 이 눈이 보는 어떤 대상을 보여준다 :
벽돌로 된 검은 벽. 건물. 하늘. 그러나 이 장면은 지각‑이
미지이자 동시에 운동‑이미지로 간주할 수도 있을 것이
다. 카메라는 특정한 대상을 지각해서 주시하거나 인지하
기 보다는 무심하게 산발적으로 움직인다. 중심이 되는 주
체의 지각이 아니다. 어떤 점에서 지각과 운동은 뒤섞여
있는 것이다.

(심지어 주체는 타자의 시선이다). 자기에 대한 영원한 이미지라든가, 변하지 않는 육체, 영원한 포즈 아래 갇히는 것이다.[4] 운동-물질의 흐름becoming이 첫 번째로 주관화되는 순간, 즉 지각되는 순간 흐름은 특정된 것으로서의 존재being가 된다.[5] 이것은 존재를 지시해 주고 북돋아 줄 출처인 지각주체가 소유한 지각의 대상으로서 상관적 존재("~에 대한 존재")이다.[6] 지각은 사물을 지각주체에 '대한' 존재로 제한한다. 지각주체가 중심이 되어 세계를 자기 안으로 포섭하는 식이다. 이것이 들뢰즈가 아일랜드 주교 버클리George Berkeley의 공식 ― "존재한다는 것은 지각되는 것이다"Esse est percipi ― 을 언급하면서 말하고자 했던 '지각하기와 지각되기의 행복'이다.[7] 지각의 행복이란 프레임에 가두거나 프레임에 안주하는 기쁨이다.[8] 마치 아이가 사물들을 구별할 줄 알게 되면서 느끼는 감정처럼,[9] 그것은 형태에 대한 만족감이며 자기를 알고 인식하는 기쁨 즉 정체성에의 행복이라고 말할 수 있다.[10] 아이러니하게도 이 모든 지각 가능한 상태를 소거한다는 것은 바로 그 행복감으로부터 벗어나는 것을 뜻한다. 실은 그 행복이 끔찍한 그 무엇이기 때문이다.[11]

들뢰즈는 이 행복감의 소멸 과정을 베켓Samuel Beckett의 〈영화〉Film을 통해 설명한다.[12] 우리가 살아 있는 한 적어도 하나의 지각, 즉 자기 자신에 의한 자신의 지각은 남아 있을 것이다.[13] 이 자기 지각을 자아, 중심, 프레임, 혹은 주체의 발생지점이라고 부를 수 있을 것이다.(사진 1) 만약에 이 지각을 소거한다면 주관성으로부터 나아가 물질의 흐름, 운동-이미지로 들어가게 될 것이다.[14] 이 영화는 한 인물이 소멸되어 가는 과정을 짧게 보여주고 있는데, 여기서 제시된 그 소멸이란 궁극적으로 자신에 의한 자신의 지각을 제거하고 파괴하는 과정이다.

> 어떻게 미결정의 중심에 의해 방해받지 않는 상태의 모태 혹은 운동-이미지를 회복할 수 있을 것인가? 어떻게 우리 자신으로부터 우리 자신을 제거하고 파괴할 수 있을 것인가?(Deleuze, *Cinema 1*, 66)[15]

들뢰즈는 이 영화에서 제시하고 있는 지각의 소멸과정을 대략 세 가지 단계로 소개한다. 우선, 영화의 첫 부분에서는 버스터 키튼Buster Keaton이 역을 맡은 한 인물이 자기를 쫓아다니는 카메라를 피하기 위해 거리의 벽을 따라,(사진 2) 그리고 나중에는 건물 안 계단으로 도주하는 장면이 나온다.(사진 3) 이것이 행동-이미

사진 2. 남자는 벽을 따라 화면의 왼쪽에서 오른쪽으로 급히 도망을 가고, 카메라는 그를 약 45도 각도로 쫓아간다. 남자는 카메라를 피해 달아나고 있다. 카메라는 지각, 프레임, 나아가 정체성을 대변하기 때문이다. 남자의 탈주는 지각을 빠져나가는 과정을 보여준다.

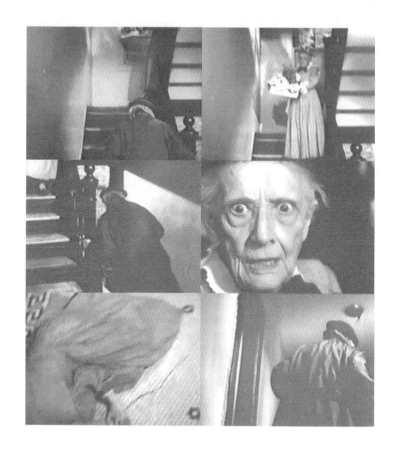

사진 3. 남자는 건물 안으로 들어와 자신의 방으로 가기 위해 계단을 오른다. 계단은 카메라가 양쪽에 서 접근할 수 있다는 점에서, 벽을 따라 도주하는 거리 장면과 달리 다소 복잡하다. 남자가 계단을 오 르려 하자 위에서 한 노파가 내려오는데, 이때 남자는 계단 아래로 다시 내려가 잠시 숨는다. 노파는 계단을 내려와 카메라를 보고는 끔찍한 얼굴을 하며 바닥에 쓰러지고, 남자는 이때를 틈타 위층으로 올라간다.

지이다.16 그는 (카메라의) 지각을 벗어나기 위해 도주-행동으로 공간을 주파하고 이동하고 위치를 바꾼다. 이 영화에서 행동-이미지의 장소는 거리와 복도이다. 거리에서는 수평적 도주, 복도에서는 좀 더 복잡한 수직적 도주가 있다. 수평적 도주에서는 인물이 벽을 타고 뛰어가기 때문에 카메라는 한 쪽에서만 따라다닌다. 반면에 복도에서는 카메라가 양쪽에서 계단을 오르는 인물을 잡기 때문에 보다 복잡하다. 인물은 도주 중에 노인들과 마주치는데, 거리에서는 노부부와 부딪치고 복도에서는 노파와 부딪친다. 이들은 모두 카메라를 바라본 후에 끔찍한 얼굴을 하며 도망가거나 쓰러져 죽는다.(사진 4, 사진 5) 이들은 카메라에 의해 그 얼굴이 지각되었기 때문에, 즉 프레임에 갇혔기 때문에 끔찍한 결말에 이른 것이라 할 수 있다. 자신의 정체성, 자신의 윤곽선, 얼굴을 들여다보는 순간, 주체가 호명되듯이 존재로서 체포된 것이다. 카메라는 남자를 따라가면서 그의 얼굴을 보기 위해, 지각하기 위해 정면 쪽으로 접근하려 하지만, 얼굴이 드러나지 않는 범위인 45° 보호각17이 노출되면, 그는 도주를 멈추고 벽 쪽으로 움츠러들어 얼굴을 가린다. 심지어 그는 지각의 여부가 생명 전체의 진동과 연관이 있기라도 하듯이, 자신의 생사여부를 확인하기 위해 계속해서 자신의 맥을 짚는다.

이렇게 거리와 복도에서 일어나는 장면을 통해, 행동-이미지의 두 체계를 말해볼 수 있을 것이다. 한 편에는 객관적 행동-이미지가 있다. 카메라는 인물의 행동을 따라다니면서 그의 행동

사진 4. 주인공이 거리에서 마주친 노부부. 이들은 카메라를 본 후에 끔찍한 표정을 지으며 도망을 가버린다.

사진 5. 복도에서 만난 노파. 그녀 역시 카메라를 보고는 소스라치게 놀라며 쓰러져 버린다.

을 객관적으로 지각한다. 다른 한 편에는 주관적 행동-이미지가 있다. 가령, 거리에서 주인공이 노부부와 부딪혔을 때 카메라는 흔들리면서 그들을 흐릿하게 바라본다. 카메라는 인물의 관점에서 인물이 행동을 하면서 바라보는 이미지를 드러내거나, 카메라가 행동을 직접 감행하면서 이미지를 드러내는 것이다.

두 번째로 인물은 방 안으로 들어간다. 그는 도주-행동을 멈추고 방안에 있는 사물들을 하나씩 바라본다.(사진 6) 도주를 통해 행동-이미지를 빠져나왔지만, 이번엔 방 안에서 다른 사물들을 지각하면서 동시에 그들로부터 지각된다. 사물을 지각하려면 지각 가능한 반경 안에 들어가야 한다. 지각은 일종의 영향관계이기 때문에 영향을 주고받으려면 서로가 반경 안에 있어야 할 것이다. 이 지각의 상호성으로 인해 '지각하기'는 언제나 '지각되기'의 가능성을 안고 있다. 사물들이 의식은 없겠지만, 그들조차 물질적 지각에 의해 나를 바라보기 때문에, 혹은 그들이 바라본다고 내가 느끼기 때문에, 주변의 존재자들은 내가 그들을 지각하는 것만큼이나 그들 역시 나를 지각한다. 지각하는 것은 곧 지각되기이다. 또는 지각되지 않고는 결코 지각할 수 없는 것이다. 이런 의미에서 모든 지각이란 지각의 지각이다. 화면에는 그가 바라본 사물들(고양이, 액자, 의자, 어항 등)이 하나씩 등장한다. 이것이 지각-이미지, 즉 사물의 포착이다. 들뢰즈는 여기서도 지각-이미지를 두 종류로 분류한다. 화면에 보이는 방 안의 사물들은 인물이 주관적으로 바라본 이미지이기 때문에 주관적 지각이라고 할 수 있다 — 흔히 '관점쇼트'라고 부른다. 그러나 사물들을 바라보는 인물의 밖에서, 예컨대 인물의 뒤에서 그 인물과 사물을 바라보는 카메라의 지각이 있다. 이것이 객관적 지각이다. 영화에서의 지각-이미지는 항상 이 두 이미지의 혼합 혹은 교차라고 할 수 있다.

그런데 인물은 이 지각-이미지로부터 빠져나가기 위해, 방 안에서 자기를 바라보거나 가로막아 지각대상으로 만드는 프레임이 될 가능성이 있는 모든 동물과 물건들을 제거한다.(사진 7) 주변에 사물들이 있으면 우리는 그들의 영향을 받는다. 행동에 제약이 가해지고, 공간적 구도가 생기며, 크기나 기능 등의 양태뿐

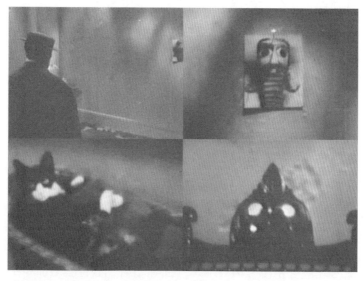

사진 6. 남자는 방안에 들어와 눈에 들어오는 모든 사물들, 즉 지각되고 지각하는 모든 대상을 바라본다. 카메라는 인물과 인물이 보는 대상을 객관적으로 보여주기도 하고, 인물의 관점에서 그가 바라보는 대상들을 보여주기도 한다.

사진 7. 남자는 방안에 있는 물건과 동물들을 밖으로 내보내거나 보자기로 덮어 자신이 지각될 수 있는 모든 조건들을 지운다.

아니라 심지어는 우리를 가두는 정체성이 결정되는 것이다. 우주 어디에서나 사진이 찍힌다고 말했던 베르그송을 따라 사물들의 지각이 가능하다고 상정된 이상, 카메라뿐만 아니라 그 사물들도 인물을 지각해서는 안 되고, 인물 역시 그들을 보아서는 안 된다. 따라서 이들을 밖으로(외부로) 내보내거나 제거해야만 하는 것이다. 지각으로부터 벗어나기 위해 그는 (잠재적) 눈과의 치열한 싸움을 벌인다. 자기를 보는 것 같은 고양이들을 바깥으로 내보내고, 눈의 형태나 기능을 가진 모든 것들, 예컨대 액자에 걸린 초상화, 자기 자신을 바라보는 도구인 거울, 어항의 금붕어, 의자 등받이에 새겨진 두 개의 구멍, 봉투에 달린 두 개의 단추 등을 보자기로 덮거나 없앤다. 방 안의 지각 대상들을 없애 버리면, 더 이상 인물이 지각할 수 있는 대상은 남지 않을 것이다. 이렇게 인물이 바라보는 대상 즉 주관적 지각이 소멸되고 나면, 이제 자기를 바라보는 카메라의 지각 즉 객관적 지각만이 남게 된다. 방은 외부와 차단되어 밀봉된 상태이고, 공간과 시간의 개념들, 신성한 것, 인간적인 것, 동물적인 것, 사물의 모든 이미지들이 사라지고, 흔들의자만이 방 한가운데 남아 있다.

세 번째로 인물은 흔들의자에 앉는다. 그런 후에 요람처럼 흔들의자에 앉아 추억을 떠오르게 하는 과거 사진들을 바라본다. (사진 8) 흔들의자가 함의하고 있는 이 요람의 기능은 그 인물을 소멸의 운동 속에 위치시키는 것처럼 보인다. 바다의 밀물과 썰물처럼 오고가는 가운데 세계는 태초의 운동으로 근원적 반복을 재연하면서 과거 전체를 불러온다. 그는 자장가 혹은 파도와도 같은 이 반복의 리듬 속으로 들어가 사진을 바라보며 잠이 들듯이 과거

사진 8. 남자는 흔들의자에 앉아 사진들을 바라보며 자신의 정체성을 보증해주는 과거를 기억한다. 그러나 이 사진들을 모두 찢어버리고 서서히 잠이 든다.

로 침잠해 들어간다. 그러나 잠시 후 그는 이마저도 모두 찢어 버린다. 급류처럼 매순간 변하는 물질의 운동과는 다르게, 과거의 기억은 그에게 정체성을 부여하여 그를 가두고 고유한 개성을 증명해 주는 알리바이로서 또 다른 프레임이기 때문이다. 그렇게 지각과 프레임이 점점 소멸해 가는 가운데, 그는 흔들의자에서 눈을 감는다. 그러나 이때 행동이 소멸하고 대상의 지각이 소멸해도 여전히 남아 있는 최후의 것이 나온다. 바로 자기 자신의 지각이 그것이다. 눈을 감고 모든 대상을 지웠을 때, 가령 어두운 독방과도 같은 환경에 처했을 때, 우리는 자기 자신을 보거나 느껴야 하는 고통에 휩싸인다. 최후의 지각이란 다름 아닌 자신의 지각 즉 느낌과 정감이다. 이것이 정감-이미지이다.[18] 가만히 있어도 느껴지는 자기 자신, 즉 그는 '자아'라든가 '자기'라고 하는 관념적 프레임을 느낌으로 수용한다. 베켓은 이를 카메라의 이례적인 움직임으로 영상화한다.[19] 인물이 앉아서 눈을 감고 있을 때, 카메라가 방 안을 한 바퀴 돌아 그의 앞으로 다가와서는 자기 자신을 보도록 깨운다. 카메라가 인물을 따라다니거나 인물이 보는 사물을 보는 방식이 아니라 인물 앞에서 그와 대면하는 것이다. 잠들다가 눈을 뜬 인물은 그 카메라-지각이 다름 아닌 바로 자기 자신이었음을 알고 놀란다. ― 그래서 앞서 노부부와 노파는 카메라를 보고는 끔찍스러운 얼굴로 도망가거나 쓰러졌던 것이다. 카메라-지각은 그가 도주-행동을 할 때에도, 방안의 사물을 지각할 때에도, 그를 쫓아다니며 바라보고 지각하고 있었던 자신의 더블Double,

사진 9. 그가 흔들의자에 앉아 잠이든 사이 보호각이 해제된 카메라는 방안을 돌아 그의 정면으로 다가간다. 잠에서 깬 인물은 카메라의 지각이 바로 자기 자신이었음을 깨닫고 놀라 쓰러져 눈을 감는다. 그리고는 절대적 어둠으로 들어간다.

사진 10. 정감-이미지에는 두 개의 요소가 공존하는데, 하나는 운동하려는 경향이고, 다른 하나는 그 운동을 가두려는 부동성이다. 이 영화에서는 인물의 강렬한 표정과 그의 또 다른 자아의 무심한 표정으로 제시되고 있다.

즉 자신의 객관적 자아 혹은 자신을 관찰하는 주관적 타자였던 것이다. 정감-이미지 안에서 인물의 주관적 지각(무엇인가를 바라보는 주관성)과 객관적 지각(무엇인가를 바라보는 자신을 바라보는 객관성)은 일치하게 된다. 이것이 자기 자신의 지각 혹은 지각주체와 지각대상의 동일성이다. 다만 인물의 주관적 자아가 고뇌하거나 괴로운 표정으로 운동하려는 경향을 갖는다면, 그의 더블인 객관적 자아는 무표정한 얼굴로 그를 프레임에 가두려하고 그를 객관화하여 부동성에 머무르게 한다는 점이 다르다.(사진 10) 이는 앞서 정감-이미지를 논의할 때 지적했던 '감각요소들의 무력한 운동노력'과 '부동하는 신경 수용판'의 치열한 갈등, 다시 말해 수동적 상태와 능동적 경향성의 동시적 공존과 충돌로서의 표현운동이다("부동하는 수용판 위에서의 운동경향성").[20]

그렇다면 모든 것이 파괴되어도 끝까지 살아 있는 자신의 지각으로부터 빠져나가기 위해서는 어떻게 해야 할까? 들뢰즈는 이 영화의 끝에서 제시하는 대답이 바로 "죽음, 부동성, 암흑"이라고 결론을 내린다. 결국 인물은 눈을 감고 화면은 어두운 빈 화면으로 끝을 낸다.(사진 9)

지각의 소멸과정이란 공간이 축소되는 과정과 일치한다. 베르그송에 따르면 공간은 행동이 펼쳐지는 장일 뿐만 아니라, 분할 가능한 세계, 양quantity과 수number로 환원할 수 있는 수학의 세계, 즉 동질화의 환경이다. 따라서 공간의 축소는 행동능력 즉 공간의 처리능력의 감소이지만, 무엇보다도 동질성으로부터의 이탈을 의미한다. 거리와 계단 장면에서 볼 수 있었듯이, 행동은 공간의 종합이었다. 행동에 의해 거리와 계단은 주파되고, 휘어지며, 이미지의 총체적인 만곡이 일어난다. 반면에 방 안에서처럼 지각이란 공간의 포착이었다. 지각에 의해 사물들은 바로 그곳에 현존하며, 동질적인 공간[21] 안에서 인물과의 잠정적인 관계를 내포했다. 이들은 서로 지각하고 지각됨으로써 행동의 가능성을 안고 있다. 반면에 정감이란 공간의 사라짐 혹은 최소화이다. 지각의 주체와 지각 대상의 거리를 확보해 주는 공간성이 사라짐으로써, 지각은 더 이상 신체 외부가 아니라 내부에서 일어난다. 그것이 외부가 아닌 내부에서 일어나기 때문에, 신체 자체가 지각의 대상이 되는 자기 자신의 지각은 더 이상 행동의 가능성이 아니라 실제적 행동이 된다. 정감은 요람처럼 흔들리는 의자의 반복 속에서 점차 소멸되어 가는 공간으로부터 새로운 차원 — 더 이상 공간의 차원이 아닌 — 의 열림을 예고한다. 베켓의 영화에서 지각이 소멸하는 과정

은 넓은 공간에서 좁은 공간으로, 좁은 공간에서 공간의 소멸로 이행한다.[22]

현실은 끊임없이 운동하고 변한다. 그러나 운동과 변화가 지각의 프레임으로 들어가는 순간 중심과 축이 생기고, 거기서 상대적 (지각과 동시적인) 공간이 형성된다. 중심과 축의 발생은 달리 말해 관심에 따른 선택과 그 기준의 결정을 뜻한다. 지각은 삶의 필요에 기인한다. 지각에서는 "나(혹은 우리)"라는 중심이 세워지고, 세계는 내 지각의 객체가 되어 나를 '위한' 혹은 나에 '대한' 존재가 된다. 지각할 때 나는 대상에 의미를 부여하고, 지각될 때는 스스로 대상이 되어 의미가 된다. 방 안의 물건들은 내가 지각하는 한에서 나의 것이고(지각, 시선, 파악은 곧 지배이며 소유이다), 내가 그것들에 노출되는 가운데 나 자신을 인식한다. 이 인식에서 우리는 행복을 느낀다. 서로 알아봐 주고 식별하고 인지하는 가운데 낯선 것은 친숙해진다. 유사한 것을 보는 기쁨, 식별과 인지가 주는 만족감,[23] 모든 것이 제 자리에 있다는 믿음에서 오는 안도감, 과거의 증거로서 사진을 바라보는 쾌감. 이 모든 행복은 존재감의 인지이다. 그렇게 우리는 지각 안에 정박하여, 혼란스럽고 낯선 물질적 어둠의 상태로부터 벗어나 눈을 뜬 아이처럼 식별 가능한 세계의 행복감에 젖는다.

그러나 지각하기와 지각되기의 행복감은 다름 아닌 자기가 중심이 되는 쾌감이자 동시에 흥미로운 특정 면을 고립시키거나 고립되는 존재감이다. 지각은 누군가가 나를 지각하고 있음을 의식적으로 아는 것 즉 타자의 지각에 대한 지각이다 — 지각은 외부를 향한 대상관계 속에서 형성된다. 내가 대상을 지각하는 만큼 그 대상 역시 나를 지각하고 있거나 지각할 가능성이 있다. 어떤 경우든 지각이란 타자성의 무한한 순환으로 이루어진 상대적 타자화이다. 이런 점에서 지각은 이자성二者性을 근간으로 하는 기호이다. 들뢰즈에 따르면 이것이 우리를 끔찍한 그 무엇이게 한다. 버클리의 말처럼 지각은 존재의 증거이지만,[24] 한편 그것은 존재를 소거한다. 예컨대 누군가가 저기에 있거나 나를 바라보고 있다고 느낀다면 나는 움찔할 것이다. 이 순간 나는 나 자신을 인지하고 나 자신의 존재감을 느낀다. 즉 누군가에 의해 보이는 모습의 나 자신을 본다. 타자의 지각은 나의 존재를 드러내지만, 다른 한편 존재의 나머지 — 상대적으로 고립된 면의 외부 — 를 지운다. 타자가 지옥으로 느껴질 만큼, 지각에는 본질적으로 끔찍한 것이 있다.

따라서 들뢰즈(혹은 베켓)에게 지각되지 않기 또는 지각의 소멸 — 도주하거나, 방을 비우거나, 보자기로 덮어 버리거나, 눈을 감거나, 심지어 자신의 지각을 소거하기 위해 죽음에 이르는 — 은 친숙함과 행복감에서 벗어나 존재의 나머지에 이르는 것이다. 소멸 프로젝트의 목적은 보다 많은 지각, 지각 전체에 도달하는 문제이다. 따라서 고정된 카메라처럼 부동의 중심을 잡고 편협하게 하나의 면에만 관계하는 특정 지각이 아니라, 그 외부에서 어떤 면과도 관계하는 보편적 변이를 되찾는 일이다. 자기를 다른 자기와 식별하고 타자화하는 '자아'를 더 이상 가지지 않음으로써, 비개인적이면서도 보편적인 변화와 흐름 속으로 존재를 해방시키는 것이다. 윤리적 관점에서 이것은 비개인성에 도달하는 문제, 즉 편협한 도덕에서 보편적 윤리로의 열림이다. 버클리의 말을 뒤집어, 지각불가능이 되려면 존재하기를 그쳐야 한다.25 이렇게 지각불가능이 된다는 것은 프레임, 윤곽선, 포즈, 형태, 공간의 외부로 나가는 문제 혹은 그 외부를 통찰하는 문제이다. 이것이 베켓의 소멸 프로젝트에서 들뢰즈가 발견한 "심오한 결말"이다 : "지각불가능으로서의 생성 becoming은 생명 즉 '멈춤도 조건도 없는' 우주적인, 영적인 출렁거림에 도달하는 삶이다."(Deleuze, *Critical and Clinical*, 26)26

자유간접주관성

파올로 파졸리니 (Pier Paolo Pasolini, 1922~1975)

자유간접주관성

앞서 논의했듯이 지각이란 물질과 빛의 흐름(운동-이미지) 중에서 육체가 필요로 하는 특정 부분들의 선택과 포착이다. 어떠한 중심도 없이 상호작용하며 서로 운동을 교환하고 전달하고 변형시키는 흐름이 육체-중심[1]을 만나 특정한 질서로 배열되는 것이다. 가령, 나무 한 그루가 발산하는 물질-빛[2]은 다른 물질-빛과 뒤섞여 대기를 통해 사방으로 중단 없이 퍼져나간다. 한 인간이 그 물질-빛을 나무로서 지각했다면, 그것은 퍼져나가는 그 운동-이미지가 육체 안에서 특정 시각적 질서 혹은 육체적 조건에 따라 특정한 방식으로 재배열되었기 때문일 것이다.

사진 1. 눈을 부상당한 남자가 자신의 얼굴을 거울로 비추어 보고 있으며, 물 잔을 바라보고 있다. 감각 주관적 이미지로 흐릿하게 보인다.

차이를 나누는 것으로 사유하는 들뢰즈의 이론이 언제나 그 랬듯이, 여기서 또한 지각의 두 가지 체계를 분석해 볼 수가 있다. 하나는 물질의 관점에서 본 지각이며(순수지각), 다른 하나는 정 신의 관점에서 본 지각(의식적 지각)이다.[3] 전자는 빛 자체로부터 특정 부분을 감산하고, 그것을 양적으로 수축한 지각이다. 이 지 각은 물리적 감산과 수축만 일어난 것이므로 물질과 본성상 같다 고 할 수 있다. 지각된 나무의 빛-물질적 측면이 이에 해당하는 데, 빛-물질과 외연이 동일한 이 지각을 객관적 지각이라고 부른 다. 여기서 지각의 중심이나 주체는 없거나 드러나지 않는다. 그러나 빛-물질을 특정한 형태로 수축하기 위해 필요한 대상의 선택은 무엇이 했을까? 예를 들어, 사진 한 장에 포착된 피사체가 아무리 물질적이고 객관적인, 즉 중심(주체, 중심)이 없는 입자들의 모임이라고 해도, 그 입자들이 하나의 형태로서 즉 피사체로서 선택되는 과정이 있을 것이며, 선택의 주체 또한 존재할 것이다. 이렇듯 지각에는 이미 지각주체의 주관적 가치가 내재한다. 간단히 말해 지각 주체로서의 '나'가 어떤 나무를 다른 사물이 아닌 나무로 지각하려면, 나의 주관성 안에 나무의 특정한 형태 또는 이미지가 주관적 형식으로 내재되어 있어야 할 것이다. 지각의 형성에서 지각 대상은 지각 주체가 이미 가지고 있는 기억(지각의 보존)의 도움을 받아 완성된다. 이렇게 해서 지각에는 소위 주관적 변형이라는 표현주의적 가치(정감을 포함하여)가 만들어진다. 이것이 지각의 두 번째 체계인 주관적 지각이다. 지각-이미지는 운동-이미지에 대하여 중심(육체)이 필요로 하는 특정한 부분들의 선택과 포착, 즉 물질-빛의 양적인 수축이다. 그러나 동시에 그것은 주관적 가치에 의한 변형을 수반한다.

그렇다면 영화에서 주관적 지각과 객관적 지각은 어떻게 나타날까? 우선 영화의 주관적 지각-이미지는 화면 틀 안팎에서 '자격이 부여된' 누군가가 보거나 느끼는 물건, 풍경, 혹은 광경이라고 말할 수 있다. 베켓의 영화를 소개하면서 언급했듯이, 인물의 관점에서 보는 이미지를 지칭한다. 흔히 관점쇼트라고 알려진 이 이미지가 가능하려면 그 지각 주체가 먼저 등장하거나 암시되어

사진 2. 자동차에 올라타 달리고 있는 사람의 주관적 비전으로 보이는 풍경은 윤곽선이 불분명하고 흩어져 보인다.

사진 3. 사랑에 빠진 여자가 바라본 남자는 거
대한 나무 위에 군림한 것처럼 보인다.

야 할 것이다. 만약에 인물이 나오지 않고 대상이 나왔다면 단순히 객관적 이미지가 될 것이다. 들뢰즈는 이를 대체로 세 가지의 요소로 구분한다. 첫 번째, 눈이 부상당한 사람이 자신의 파이프를 보고 있을 때, 카메라는 이 파이프를 흐린 초점soft focus으로 처리하는 경우가 있다. 카메라가 그의 주관적 감각과 같은 것처럼 제시되어, 파이프가 그의 부상당한 눈의 상태로 보이는 이미지이다. 이를 감각적 주관성이라고 부른다.(사진 1) 두 번째, 춤이나 축제의 풍경이 그 안에 참석하고 있거나 자동차에 앉아서 달리는 어떤 인물에 의해 보이는 경우이다. 축제에 참여하여 춤을 추거나 달리는 자동차 안에서 밖을 보면, 모든 것이 그의 움직이는 방식에 따라 보이기 때문에(흔들리거나 빙빙 돌거나), 행동하고 있는 경우에도 주관적 지각이 된다. 이를 행동적 주관성이라고 부른다.(사진 2) 세 번째, 사랑에 빠진 어떤 여인이 사랑하는 남자를 바라볼 때, 그의 모습이 거대한 나무 위에 군림하고 있는 것처럼 보이는 경우이다. 그는 사실 작은 나무 위에서 그네를 타고 있을 뿐이지만, 카메라는 그 여인의 감정이 투사된 주관성으로 그를 보여주는 것이다. 이를 감정적 주관성이라고 부른다.(사진 3) 영화에서의 관점쇼트 즉 주관적 지각-이미지에는 이렇게 감각적이거나 행동적이거나 감정적인 요소들이 있다. 이미 언급했듯이 지각 안에는 주관성의 모든 요소들이 잠재적으로 공존한다.

객관적 지각-이미지는 흔히 화면 외부에 있는 어떤 관점에 의해 포착된 사물이나 광경을 지칭한다. 특정 인물의 관점이 아니기 때문에 프레임 안에는 관점의 주체가 나오지 않는다. 예를 들어 베켓의 〈영화〉에서 인물을 바라보는 카메라는 누구인가? 특정된 인물이나 관점이 제시되지 않았기 때문에 분명히 알 수가 없다. 여기서 (화면의) 외부라는 말이 중요한데, 객관성이란 다름 아닌 외부성 혹은 외면성을 말한다. 누구든지 외부에서 지각이 가능한 상태, 즉 객관성이란 표면적인 것에 대한 공통적 감각 혹은 그 지각이다.4 영화에는 화면에 등장하지 않는 다른 무엇인가의 관점에 의해 포착된 지각-이미지가 많이 있다. 그러나 엄밀히 말해 객관적 이미지란 명목상의 예비적인 정의일 뿐이다. 화면 외부에 있다고 간주된 관점(객관적, 비결정적)은 언제든지 화면 내부의 요소가 될 가능성이 있기 때문이다. 가령, 군대가 행렬하고 있는 모습이 구경꾼들 중 어떤 사람의 다리 사이로 보이는 화면을 생각해 보자.(사진 4) 이 장면은 객관적 관점(지각)처럼 보인다. 그런데 카메라가 뒤쪽으로 이동하여 양쪽 다리가 잘린 앉은뱅이를 화면에 보여준다면, 앞서 나온 그 변태적 구도 속의 행렬장면은 앉은뱅이의 주관적 관점이 될 것이다.5 또 다른 예로, 두 사람이 싸우고 있는 장면이 있다. 역시 객관적 이미지처럼 보인다. 그러나 카메라가 왼쪽으로 패닝을 하여 그것을 엿보고 있는 다른 인물을 보여준다면, 앞서의 싸움 장면은 객관적 장면이기도 하지만, 엿보는 인물의 주관적 이미지였을 가능성도 있는 것이다. 아울러 그 인물이 엿보는 장면은 새롭게 나온 또 하나의 객관적 이미지이기도 하다.6 주관적 이미지 역시 마찬가지이다. 위에서 감각적 주관

사진 4. 정상적인 관점이 아닌 변태적 구도

성으로 예시 되었던 흐릿하게 보이는 파이프가 부상당한 사람의
주관적 이미지라고 확신할 수 있으려면, 관객이 이미 그 파이프를
본 적이 있어야 한다. 다시 말해 그 파이프의 객관적 지각-이미지
를 알고 있어야 한다. 주관적 특질 역시 그 이전과 이후에 등장하
는 다른 객관적 이미지들과의 비교의 결과인 것이다. 결국 지각-
이미지에서 객관성은 주관성에 대하여, 주관성은 객관성에 대하
여 상대적 체계를 이룬다. 이렇게 영화에서는 사건이나 광경이 있
고, 그 당사자들이 있고, 그 광경을 외부에서 바라보는 객관적 시
선이 있고, 그 시선을 다시 화면 안으로 끌어들이는 카메라가 있

다. 이들은 모두가 뚜렷이 구분되지 않은 채 이미지 속에서 서로 엉켜 있다. 베르그송은 지각을 뒤엉킨 상태 즉 복합물로 규정하고, 객관적 체계인 '순수지각'과 주관적 체계인 '의식적 지각'으로 나누었는데, 바로 이런 맥락에서이다.

앞서 살펴보았듯이 영화에서 지각은 주관적이기도 하고 객관적이기도 하지만, 그 보다는 이 두 극단이 서로 모호하게 교차하고 있다고 말해야 할 것이다. 엄밀히 말해 주관성과 객관성이란 보편적 변이인 운동-이미지 안에서의 명목상의 구분일 뿐이다. 이미지들이 주관적이나 객관적 특질이 있다고 간주될 수 있는 것은, 그 이미지가 나오기 이전에 혹은 그 이후에 등장하는 다른 이미지들과의 비교를 통해 교정될 수 있다. 주관적 이미지 혹은 객관적 이미지란 이미지들의 상대적 비교와 유비관계를 통해 파악된 이미지의 상대적 결정이다. 그래서 객관적 지각-이미지와 주관적 지각-이미지의 뚜렷한 정의는 명목상으로만 가능한 것이다. 실제의 지각 역시 이 두 이미지의 혼합 상태라고 베르그송은 지적

사진 5. 카메라는 술에 취한 인물들을 의도적으로 비틀어 왜곡하여 보여주고 있다.

사진 6. 카메라는 엘리베이터에서 창밖을 보며 내려간다. 엘리베이터 문이 열리자 다른 승객들과 마찬가지로 로비를 지나 걸어가 정문으로 나가려 한다.

한다. 특정 대상을 선택해 본다는 것 자체가 이미 주관적 투사가 없이는 불가능하고, 주관적 이미지 역시 특정한 대상이 객관적으로 보인다는 사실을 전제하기 때문이다.

이미지의 객관성과 주관성이 뒤섞이고 수축하여 공존하는 직접적인 예를 영화에서 찾는 것은 어렵지 않다. 연속편집(매치편집)의 전형적인 예로 역방향 화면shot reverse shot이 있다.7 인물들이 서로를 바라보며 대화를 하는 장면의 경우, 관찰자와 관찰대상이 서로 교차하면서 한 인물이 다른 인물의 관점에 의해 포착되고, 또 그 반대의 관점에 의해 다른 하나가 포착된다. 여기서 전자와 후자를 각각 객관적 이미지와 주관적 이미지로 명확히 분류할 수가 없다. 이미 전자는 하나의 주관성에 의해 포착된 이미지일 수 있으며, 반대로 후자 역시 전자의 주관적 관점이 아닌 그 자체 드러난 이미지일 수 있기 때문이다. 두 개의 거울을 마주보게 한 이미지의 상호 반영처럼 객관성과 주관성의 무한한 교환이 일어나는 것이다. 따라서 어떤 점에서는 두 이미지 모두 주관적 이미지라고 말할 수도 있으며, 동시에 객관적 이미지라고 말할 수도 있다. 그렇기 때문에 주관적 이미지나 객관적 이미지의 구분은 명목상으로만 가능한 것이다. 이미지와 현실의 연속성과 그 재현에 기반을 둔 고전영화의 이데올로기적 환영은 이처럼 미결정적 모호성 위에 서 있는 것이다. 또 다른 예로, 역방향 화면의 극단적인 수축이 일어나기도 한다. 레르비에Marcel L'Herbier의 〈엘도라도〉El Dorado에서처럼, 취한 상태에서 무엇인가를 바라보고 있는 여자의 모습이 한 화면 안에 흐리거나 왜곡된 초점으로 제시되는 경우이다.(사진 5) 이러한 이미지는 단순히 위에서 언급했던 감각적 주관성이 아니다. 인물의 주관적 상태를 빌어 그 인물을 객관적으로 보여주는 것, 다시 말해 인물의 주관성에 의해 포착된 그 자신의 객관적 이미지이다. 객관적 체계와 주관적 체계가 서로 엉키고 수축되어 동시에 펼쳐지는 것이다. 이렇게 영화에서 지각-이미지는 두 개의 극단적 체계를 넘나들면서 지각불가능하다가도, 어떤 특별한 경우에 하나의 극단적 이미지(주관적 혹은 객관적)가 되기도 한다. 그리고 이것은 영화 이미지 고유의 영역에 속하는 어떤 체계를 암시하는 것이기도 하다.

영화에서의 이러한 현상 — 주관성과 객관성의 혼동 혹은 수축 — 은 연극을 관람하듯이 카메라를 고정시켜 놓고 대상을 포착하던 고전영화의 관행(인간적 지각 혹은 자연적 지각을 닮은)을 벗어나, 몽타주(트레킹이나 크레인 쇼트와 같이 카메라의 직접적인 운동을 포함하여)에 의해 카메라가 스스로 움직이던 시기에 가능했다고 들뢰즈는 지적한다. 위에서 언급했던 두 관점의 수축뿐만 아니라, 카메라의 비인간적인 운동에 의한 이미지의 포착은 모두가 인간의 지각과는 거리가 멀다.[8] 즉 영화 이미지는 더 이상 자연적 지각을 닮아야 한다는 묵언의 계율을 따르지 않아도 된다. 영화 고유의 지각을 가지게 된 것이다. 그렇게 해서 카메라는 특정한 인물이나 화면 배치에 종속되지 않는다. 예를 들어, 강박적인 화면에서 볼 수 있듯이 인물이 화면에서 사라져도 그를 따라가지 않고 계속 그 위치를 고수하거나, 인물을 따라가다가 그의 움직임을 예측하여 다른 방향으로 돌아 그 인물이 나올 만한 곳에서 그를 기다리기도 하며, 인물을 추월하거나 따돌리기도 한다.[9] 카메라의 이러한 자율성을 잘 보여주는 예는 무르나우Friedrich Wilhelm Murnau 의 〈마지막 웃음〉The Last Laugh의 첫 시퀀스가 유명하다.(사진 6) 여기서 카메라는 특정 인물을 따라가지 않고, 사건이나 광경을 지시하기 위해 대상을 객관적으로 제시하지도 않는다. 마치 사람들 틈에 있는 익명의 어떤 존재처럼, 내려가는 엘리베이터 안에서 사람들 곁에 서서 창밖을 바라보고 있을 뿐이다. 그리고 문이 열리면 다른 사람들과 함께 엘리베이터 밖으로 무심하게 미끄러져 건물 밖으로 빠져나가는 장면이 트레킹 쇼트로 제시된다. 카메라는 인물과 세트에 제한되어 있거나 종속되어 있는 것이 아니라, 마치 화면 속에 배치된 다른 요소들처럼 그들과 공존하고 있는 것이다. 또 다른 예로 역시 무르나우의 〈타르튀프〉Tartuffe가 있다.(사진 7)

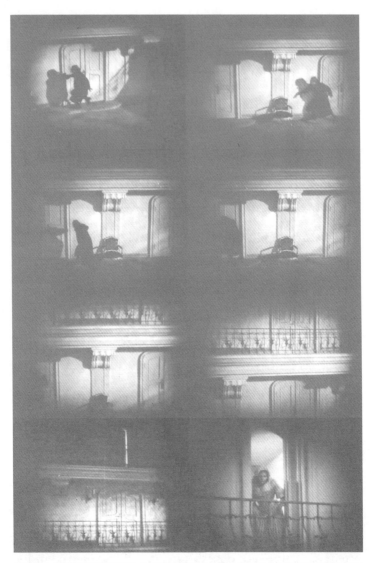

사진 7. 카메라가 한 인물을 쫓다가 그가 방 안으로 들어가기도 전에 위층으로 관심을 옮겨 하녀가 나오기도 전에 그녀 쪽을 바라보며 기다리고 있다.

카메라는 집안의 모든 방을 멀리서 조망하다가, 인물이 방안에서 나오면 그를 따라가며 시선을 이동한다. 그러나 인물이 사라지기도 전에 카메라는 스스로 시선을 다른 곳으로 돌려 다른 인물의 출현을 기다린다. 카메라가 인물로부터 시선을 떼어내어 위층으로 움직이는 순간, 관객과 매치된 시선이 갑자기 이탈하여 카메라 고유의 시선으로 분리되는 것처럼 보인다. 이 예들은 모두 카메라의 자율성을 드러낸다. 인물로부터 벗어나 있지만, 순전히 객관성에만 머무는 것도, 그렇다고 특정 인물의 주관성도 아닌, 카메라 자체의 주관성에 의해 대상이 포착되는 것이다. 카메라가 자율적 주체가 되었기 때문에, 영화에서의 지각-이미지는 더 이상 인물이나 화면 안의 대상에 의해 내부와 외부를 구별 — 인물에 '대한' 시선으로서의 객관성과 인물'의' 시선으로서의 주관성 — 할 수가 없다. 카메라가 관객처럼 영화 안에 공존할 뿐만 아니라, 카메라의 지각 안에서 객관성과 주관성은 공존한다. 카메라가 화면에 배치된 대상이나 인물로부터 독립하여 그들과 함께 있는 것처럼 보이기 때문에, 장 미트리Jean Mitry는 이러한 카메라의 지각을 하이데거Martin Heidegger의 개념을 빌어 "공존재"Mitsein, being-with 10라고 불렀다(Deleuze, *Cinema 1*, 72).

그것은 더 이상 인물과 뒤섞이지 않고, 인물들 외부에 있는 것도 아니다. 그것은 인물과 함께 있는 것이다. 그것은 완전히 영화적인 공존Mitsein이다. 혹은 도스 페소스Dos Passos가 말했던 "카메라의 눈"이

며, 인물들 사이에서 확인되지 않은 누군가의 익명의 관점이다.(같은 책, 72)

특정한 인물의 외부에서 그를 바라보는 관점이든, 그 인물의 눈이 되어 사물을 바라보는 내적 관점이든, 모두가 인간적 존재에 대한 혹은 인간적 지각 안에서의 포착이라고 말할 수 있을 것이다. 여기서 관객은 카메라의 시선과 일치되고, 자신과 카메라의 시선을 동일화한다. 그러나 미트리가 제시한 카메라의 공존이란 인간이 아닌 다른 존재의 관점에서 포착된 이미지이다. 관객이 영화를 보며 카메라 자체를 느낀다면, 그것은 관객 자신의 눈이 아닌 관객과 함께하거나 관객이 의식하는 익명의 타자의 시선과의 상관성을 의식하는 것이다. 그것은 내가 바라보고 있는 대상을 동일한 관점에서 혹은 다른 관점에서 바라보고 있는 타자를 의식하는 것과 같다. 고전영화에서 카메라는 수단의 한계(고정된 카메라, 제한된 편집 등)로 인해 인물에 종속되었고, 자연스러운 관점을 위해 카메라가 관객에게 느껴지면 안 되었다. 편집을 하더라도 최대한 자연스럽게 단절 없이 연속적이어야 했다. 앞서 언급했듯이 이러한 자연스러움은 카메라의 시선이 인물 자신의 내적 시선과 매치(연속)되는 것이었기 때문에(각주7을 참고하라), 관객은 카메라를 의식하지 못하고 인물의 주관적 지각뿐 아니라 인물에 대한 지각이 관객 자신의 자연스러운 지각 혹은 객관적 지각이라고 간주한다. 자신의 관점을 객관으로 간주하는 이러한 '객관성의 주관화'를 통해 관객은 쇼트와 구도의 변화에도 불구하고 그 대상들을 의심 없이 지각한다. 예컨대, 다이안Daniel Dayan이 지적했듯이, 두 인물의 대화상황을 재현한 역방향 쇼트에서 한 인물을 정면으로 바라보는 관객은 외화면offscreen에 자리한 상대 대화자가 화면에 부재하는 가운데, 자신이 그 대화 상대자라는 오인으로 부재를 채운다. 일치된 시선으로부터 파생되는 현실의 판타지가 이데올로기의 생산으로 발전하는 것이다. 그런데 〈타르튀프〉에서 예를 든 카메라의 이탈에서 보았듯이, 카메라가 인물로부터 떨어져나가 스스로 이동을 하면서 다른 인물을 찾아다니는 순간 관객의 지각과 카메라의 지각 사이에 분리가 일어난다. 카메라의 자율적 움직임으로 인해 영화의 지각은 인물의 주관성도 아니고, 인물을 바라보는 객관성도 아니며, 그렇다고 관객 자신의 객관성도 아닌 모호한(주체로 의식화할 수 없다는 점에서) 공존재의 지각 또는 진공상태의 지각, 즉 객관성과 주관성이 뒤섞인 익명의 지각이 되는 것이다. 이로써 영화의 지각은 "반-주관성"으로 정의된다.

영화적 지각을 반-주관성으로 규정했을 때, 이를 정당화해줄 위상을 어디서 찾을 것인가? 들뢰즈는 영화감독 파졸리니Pier Paolo Pasolini를 언급하면서 이를 "자유간접화법"free indirect discourse에서 찾는다. 우선 직접화법은 누군가가 실제로 한 말을 충실하게 그대로 보고하는 것이 목적이다 : '그녀는 "이런 식으로 살지 않을 거야"라고 생각했다.' 반면 간접화법에서는 서술자(보고자)가 인물의 발화를 그대로 옮기지 않고 자기 식으로 변형시켜 소개하거나 간접적으로 전달한다 : '그녀는 이런 식으로 살지 않겠다고 생각했다.'[11] 서술자가 서술되고 있는 인물의 행동이나 생각을 자신의 언어로 바꾸어서 객관화 — 엄밀히 말해 외면화, 동질화, 혹은 중화 — 시키는 것이다. 서술자가 인물과 일치되어 그의 어조나 내면으로 들어가 말하는 방식이 직접화법이라면, 그 인물 외부에서 생각이나 행위를 객관적으로 보고하는 방식은 간접화법이다. 이런 맥락에서 볼 때 영화에서 직접화법은 주관적 관점쇼트(주관적 지각-이미지)에 해당하고 간접화법은 객관적 쇼트(객관적 지각-이미지)에 해당한다고 가정할 수 있다. 이것이 우리가 흔히 쓰는 발화방식이며 이미지를 포착하는 방식으로서의 자연적 지각이다. 그러나 파졸리니에 따르면, 위에서 언급했던 영화적 지각의 반-주관성(공존재 혹은 익명의 지각)은 직접화법도 간접화법도 아닌 다른 화법, 즉 자유간접화법과 일치한다.[12] 사전적 의미에서 자유간접화법은 직접화법과 간접화법의 결합이라고 말할 수 있다 : '그녀는 이런 식으로 살지 않을 것이다' 혹은 '그녀는 이런 식으로 살고 싶지 않았다' 혹은 '그녀는 이런 식의 삶이 지겨웠다.' 여기서는 진술 체계를 분할하기가 상당히 모호한데, 직접화법의 인용표지도 없으며 간접화법의 전달동사(복문의 형태로)도 포함하고 있지 않기 때문이다. 말하자면 작중인물의 직접 발화와 서술자의 간접 발화가 하나의 통사 문법 체계 안에서 혼합되거나 공존하는 발화방식인 것이다.

　한편 자유간접화법에서는 직접화법의 인물과 간접화법의

서술자의 경계가 흐려져서, 말하는 주체가 실제로 그 작중인물인지 서술자인지 분간하기가 어렵다. 위에서 예시한 자유간접화법 진술에서는 하나의 발화체 안에 1인칭 화자의 진술과 3인칭 화자의 진술이 뒤섞여, 진술의 객관성과 주관성이 뚜렷한 윤곽을 잃어버린다.[13] 그래서 진술들의 발화 관점이 서술자의 객관적 진술인지 아니면 인물의 주관적 다짐이나 마음가짐인지 구분할 수가 없는 것이다.[14] 또는 다르게 말해, "그녀"라는 3인칭을 사용했다는 점에서 그 진술은 서술자의 관점이기도 하고, 동시에 "삶이 지겨웠다"나 "살고 싶지 않았다"와 같은 내면적 상태를 직접 서술했다는 점에서 인물의 관점이기도 하다.[15] 인물의 내면의 독백을 제삼자가 서술하고 있다는 의미에서 자유간접화법을 흔히 서술된 독백narrated monologue이라고도 부른다.[16] 혹은 인물을 묘사하거나 설명하거나 지시하면서, 서술자가 그 인물과 완전히 분리된 존재가 아니라, 인물의 스타일과 언어 그리고 내면적인 상황에 감염된stylistic contagion 상태에서의 서술이다.[17]

여기서 들뢰즈가 주목하는 것은 자유간접화법이 두 개의 닫힌 진술체계(직접화법과 간접화법)의 단순한 결합이 아니라는 사실이다. 그것은 오히려 하나의 통사적 체계 내에서 일어나는 '서로 다른 주체들 간의 상호작용'(주체화 작용) 혹은 하나의 진술주체의 다중적인 분화이다.[18] 자유간접화법을 정형화되고 동질적인 두 진술 체계의 결합으로 보는 것은 마치 두 개의 죽은 사물이 결합하여 살아 있는 유기체가 형성된다고 말하는 것처럼 언어사용

사진 8. 카메라는 신경증적인 강박에 사로잡힌 여인이 바라보는 대상을 흐린 초점으로 제시한다. 카메라는 여인이 바라보는 노인의 모습을 '객관적 비전'과 '주관적 비전' 그리고 이들의 교차인 '반주관적 비전'으로 바꾸어가며 보여준다.

의 구체적 발생을 무시하고 통사적 실체들(화법들) 사이에서 설정된 관계로 추상화하는 것이다. 그래서 자유간접화법은 문법상의 결합이 아니라 말하는 사람의 내적인 역동dynamism의 관점에서 보아야 한다는 것이다. 그랬을 때 두 체계의 추상적 결합의 관점에서 잃어버렸던 발화의 발생적 근거를 비로소 가질 수 있다. 하나의 진술체계 자체가 혼종성heterogeneity으로 규정되는 것이다.[19]

> 여기에는 성립이 완결된 두 명의 진술 주체들, 즉 한편에는 보고하는 사람, 다른 한편에는 보고되는 사람이 단순히 결합된 것이 아니다. 그것은 오히려 진술의 아쌍블라주이며, 서로 분리할 수 없는 두 개의 주체화 행위를 불러온다. …… 이것은 각각이 서로 다른 어떤 체계에 속하는 두 주체의 혼합이나 평균이 아니라, 오히려 그 자체로 혼종적인heterogeneous 하나의 체계 내에서 두 개의 상관적 주체들로의 분화라고 할 수 있다.(Deleuze, *Cinema 1*, 73)

들뢰즈의 해설은 바흐찐의 언어관과 유사하다. 바흐찐에 따르면 언어현상은 구조적인 문제가 아니라 맥락이나 상황에 따라 역동적으로 달라지는 구체적 사건이다. 화용론적pragmatic 맥락 안에서는 언어의 구조와 의미뿐만 아니라 그것을 발화하거나 수용하는 주체들도 상호침투하며 변형된다. 하나의 진술이나 발화는 둘 이상의 관점으로 분열되어 언어 자체가 타자의 담론으로 이루어진 다성polyphony 또는 대화dialogic라는 것이다. 단일한 체계 내에서 진술 주체들이 서로 전환되거나 교환하면서 역동적 상호작용을 일으킨다는 점에서 자유간접화법은 대화주의 언어관을 가장 잘 보여주는 예라 하겠다. 같은 맥락에서 들뢰즈 역시 자유간접화법을 닫힌 체계들의 단순한 집합이 아니라 열린 전체 즉 다양체의 개념으로 보았다. 그것은 그 자체 다성적이고 이질적이며 혼종적인 아쌍블라주를 함축한다.

파졸리니가 생각했던 자유간접화법의 가치 역시 이 혼종성에 기반한다. 들뢰즈는 파졸리니가 이 개념을 바흐찐으로부터 이어받은 것 같다고 지적한다. 하나의 진술 속에 다수의 목소리가 육화되었다는 생각은 바흐찐이 이론화했던 소설의 세계와도 같은 것이었다. 파졸리니는 자유간접화법을 타자의 세계, 즉 심리학적·사회학적으로 다른 세계와 계급을 객관화하기 위한 조건으로 보았다. 자신이 바라보는 것을 휴머니티 전체와 동일시하고, 자기의 세계관으로 세계 전체를 중화시키는 부르주아적 지각과는 달리, 자유간접화법은 작가가 자신이 속한 계급의 언어가 아닌 다른 사람들의 언어와 사회의 다양한 범주에 대한 분명한 의식을 가질 것을 요구한다. 그것은 계급의식을 반영한다.[20] 성직자, 부르주아, 부랑자, 노동자 등, 모든 인물들의 내면으로 파고들어 그들의 언어로 말을 하면서, 작가가 작중 인물이나 서술자를 통해 자신의 주관성을 객관화하거나, 타인의 현실을 객관적으로 인식할 수단으로서의 문체, 즉 사회적으로 다른 환경을 표현해 낼 수 있는 문체조건, 이것이 자유간접화법이다. 파졸리니는 타자의 주관적 세

사진 9. 부르주아 여인은 자신이 보는 세계가 현실인지 비현실인지 혼란한 상태에 빠져있다. 안개 속에서 희미하게 보이는 친구들을 바라보며, 그녀는 그것이 안개 때문인지 아니면 비현실 때문인지 어리둥절해하며. 이를 확인하기 위해 친구들이 있는 쪽으로 걸어간다.

계를 객관적으로 현실화하는 방식을 모방^{mimesis}이라고 생각했는데, 자유간접화법은 타자의 진술과 어조에 감염되어 그들을 흉내낸다는 점에서 다름 아닌 타자의 모방이었다. 들뢰즈는 자유간접화법에서의 두 언어와 두 발화를 모방이라고 부른 것에는 이의를 제기한다. 왜냐하면 모방이란 구현해야 할 '진짜' 혹은 닮아야 할 '모델'을 가정하여 유사성이나 유비에 근거한 행위이고, 이것은 그가 의도했던 다양체 즉 이질적인 것의 공존에는 적합한 말이 아니었기 때문이다. 들뢰즈에 따르면 자유간접화법은 모방이 아니라 다양의 공존, 공명, 상관성, 자기 식으로의 변형, 즉 발화자들 간의 역동이다.21

어쨌든 파졸리니는 자유간접화법의 이러한 역동적 혼종성 (혹은 분할)을 영화적으로 구현한 스타일을 '자유간접주관성'이라고 불렀고, 이것이 그의 "시적영화"Il cinema di poesia를 규정하는 본질적인 요소라고 생각했다.22 그는 현대영화 — 주로 네오리얼리즘이나 누벨바그 등 — 에서 접할 수 있는 이미지들을 제시하면서 이를 논의한다.23 가령 어떤 인물이 스크린 안에서 연기를 하고 있다고 가정해 보자. 그는 특정한 방식으로 세계를 보고 있다 — 기술적으로 볼 때 이 특정한 방식이란 촬영방식일 수도 있고, 렌즈의 변화일 수도 있고, 쇼트의 특정 양태 등 다양할 것이다. 그런데 카메라가 옆에서 혹은 뒤에서 그를 보고 있으며, 그가 바라보는 세계 또한 바라보고 있다. 여기서 카메라는 객관적 지각처럼 단순히 그 인물의 비전과 그가 보는 세계만을 보여주지 않고, 인물과는 다른

사진 10. 카메라는 여인의 주관적 비전으로 보여주었던 흐린 초점에 감염되어
이번에는 그녀와는 무관하게 자율적으로 꽃을 바라보고 있다. 이것은 꽃에 대
한 특정한 지각이나 비전이기보다는 카메라의 주관성에 의한 대상으로부터
의 착란적 이탈이라고 할 수 있다.

관점에서 그 인물뿐 아니라 그가 보는 세계를 묘사하듯이, 그의 비전을 생각하고, 반성하며, 변형하는 것이다. 예를 들어 안토니오니의 〈붉은 사막〉에서는 신경증에 걸린 부르주아 여인의 착란적 비전이 흐린 초점으로 제시되는데, 이 신경증적 비전은 그녀의 주관성으로 나타나기도 하고, 예술가로서 감독 자신의 유미주의적 비전으로 대체하여 반주관적 형식으로 나타나기도 한다.(사진 8, 9, 10) 파졸리니가 '시적비전'이라고 부른 이러한 이미지는 신경증자의 강박적 비전에서 반성적 주체성의 탄생을 예고한다. 말하자면 카메라가 스스로를 생각하는 반성적 상태가 되어 현재 제시되고 있는 화면으로부터 이탈하여, 스스로를 정립하는 순수형식으로 나아가는 것이다.24 이로써 카메라는 고전적 방식처럼 주어진 내러티브 상황이나 인물에 종속되어 기능적으로 존재하는 것이 아니라, 자율적 운동에 의해 자신의 주관성을 획득하게 된다. 카메라를 느끼게 하면 안 된다는 고전적 규칙(객관적 내러티브와 이미지에 대한 관객의 동화) 역시 이러한 이유로 파기된다. 인물로부터 독립하여, 인물을 사유하거나, 인물을 찾아다니거나, 따돌리거나, 스스로 반성하면서, 화면 안의 모든 대상으로부터 벗어난 자율적 비전, 즉 시적 형식을 통한 주관성의 획득을 위해 카메라는 이제 적극적으로 드러나 "카메라를 느끼게 하는 취향의 영화"가 만들어지는 것이다.(Deleuze, *Cinema 1*, 74)

　　이러한 카메라의 "반성적 의식"을 보여주는 몇 가지 형식적 절차들이 있다. 대표적으로 "집요한 프레임" 혹은 "강박적 프레임"

사진 11. 카메라는 인물이 등장하기 전에 빈 공간을 주시하며 인물이 들어오기
를 기다리고 있다.

을 들 수가 있을 것이다. 안토니오니가 이 프레임의 대가였는데, 우선 카메라는 인물이 프레임 안으로 들어올 때까지 기다리고, 그가 연기를 하고 말을 한 후에 나가기를 기다린다. 그리고 그가 나간 후에도 그 텅 빈 공간을 지속해서 잡고 있다. 인물이나 상황을 따라다니는 상대적 프레임이 아니라, 카메라가 그 장면을 "순수하고 절대적인 장면으로 남겨두는 것"이다.(사진 11, 12, 13) 인물이 아직 들어오지 않았거나 이미 프레임 밖을 나갔는데도 여전히 카메라가 거기에 있다면, 그것은 도대체 무엇을 하고 있는 것인가? 인물이나 대상이 목적이 아니라면 카메라는 거기서 무엇을 하고 있는 것인가? 주변의 모든 지각 대상을 제거한 후에 최후에 남은 자기 지각처럼(우리는 이미 베케의 이미지에서 이를 보았다), 이것이 바로 카메라-영화의 자의식, 대상 없는 순수 사유, 즉 영화적 코기토Cogito일 것이다. 이 밖에도 카메라가 느껴지게 하거나, 카메라의 주체성을 드러내는 여러 절차들이 있다. 가령, 들고 찍는 카메라는 마치 옆에 있는 누군가와 함께 세계를 이동하듯이 흔들리고 불안하다. 느껴지지 않는 카메라의 안정된 구도와는 판이하게 다른 것이다(고다르의 경우). 어떤 경우엔 동일한 대상에 대해 렌즈를 교체하여 보여줌으로써 관점의 차이를 유발한다. 인간적 관점과는 다른 기계적 절차를 직접 보여주는 것 같은 효과를 내기 위해 같은 얼굴을 다른 렌즈로 번갈아 촬영하는 것이다. 또는 과도한 줌zoom을 사용하여 자연적 지각을 왜곡시킴으로써 기계적 지각을 제시한다. 이는 세부에 대한 집착과 같은 집요함의

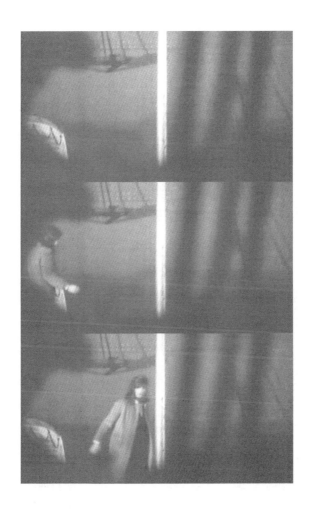

사진 12. 카메라는 빈 공간을 주시하다가 인물이 들어와 연기를 하게 될 공간 쪽으로 패닝을 하여 내려 온 후 인물이 들어오기를 기다린다.

효과를 창출한다(베르톨루치의 경우). 이 밖에도 역광을 이용하여 고의로 눈부신 빛을 내거나, 이동촬영을 많이 하거나, 표현효과를 위해 고의로 어설픈 몽타주를 쓰거나, 불안하게 이어붙이거나, 움직이지 않고 같은 이미지를 고정한다든가 하는 절차들이 좋은 예들이다. "한마디로 말해, 지각-이미지는 자율적이 된 카메라-의식 속에서 그 내용을 반영하는 순간, 자유간접주관성으로서의 그 자신의 위상을 찾은 것이다."(같은 책, 74)

자유간접주관성의 이미지를 통해 들뢰즈가 말하고자 하는 바는 분명하다. 명목상으로 영화에는 주관적 지각도 있고 객관적 지각도 있다. 주관적 지각과 객관적 지각 모두 인물이나 대상에 종속된 카메라의 상태를 반영한다. 전자는 인물의 비전으로 세계를 보고, 후자는 대상에 종속되어 있는 익명의 비전이다. 그러나 두 지각을 영화에서 분명하게 구분하고 나누기가 쉽지 않으며, 실제로 영화는 주관과 객관의 공존이자 자유간접주관성이다. 자유간접주관성은 인물의 비전으로 세계를 보면서도 인물 밖에서 그의 비전을 변형하고 반영하는 또 다른 비전을 제시한다. 그것은 카메라가 인물을 위시한 인간적 지각에 종속되지 않고, 자신의 자율적 비전에 의해 스스로를 정립한 순수사유, 즉 카메라-주관성(영화적 코기토)을 획득하는 문제이다. 이미 지각-이미지 자체가 다수의 지각의 공존이듯이, 자유간접주관성은 주체의 분열을 증거한다. 오히려 이 코기토가 아니면 주체화 과정 자체가 있을 수 없으며, 자신을 객관화할 수도 없고, 환경 속에서 한 존재로서 인

사진 13. 카메라는 인물이 화면에서 나갔는데도 계속 그 공간을 주시하고 있다.

식할 수도, 주변의 다른 것과 구별되는 존재로서 지각될 수도 없다. 즉 세계 자체가 지각과 사유 안에서 구성될 수가 없는 것이다. 마찬가지로 주체(동일자)는 분열됨으로써만 주체일 수 있으며, 자기 자신으로부터 빠져나가는 한에서만 지각하고 지각될 수가 있다. 영화가 더 이상 인간의 문제가 아니라, 영화 그 자신을 사유하고, 자신의 지각을 탄생시키는 과정은 영화적 코기토를 근간으로 한다. 들뢰즈에 따르면 이것이 현대영화이다. 나아가 이것이 또한 모든 예술의 운명일 것이다.

6

얼굴과
정감

잉마르 베르히만 (Ingmar Bergman, 1918~2007)

얼굴과
정감

소비에트 영화감독 에이젠슈타인Sergei Eisenstein은 미국의 그리피스David W. Griffith와 자신의 클로즈업을 비교하면서, 자신의 클로즈업은 단순히 사물에 가까이 다가가 자세히 보는 것이 아니라 사물을 크게 확대하는 것이라고 밝힌 적이 있다. 사물을 확대해서 보기는 사물을 인지하기 위한 객관적 정보를 넘어, 그 대상에 대한 심리적 평가를 반영한다. 파리 한 마리를 크게 확대해서 본다면 공포감이 생길 것이다. 사물의 크기는 그것이 미칠 영향력과 위험 또는 미래의 가능성의 정도를 말해 주기 때문에 감정적 해석을 낳는 요소이다. 아이들은 그림을 그릴 때 자신에게 중요한 인물은 크게, 그렇지 않은 인물은 작게 그린다. 마찬가지로 고대인들은 벽화에서 왕은 크게 신하는 작게 그렸다. 이들은 모두 사물의 객관성이나 현실성을 감안하기보다는 크기의 관계를 이용하여 세계에 대한 주관적이고 감정적인 가치를 투영하는 것이다. 이렇게 정감은 대상의 확대와 많은 부분 관련이 있다. 사물을 가까이에서 보거나 크게 확대해서 보는 방식을 영화에서는 클로즈업이라고 하는데, 클로즈업은 사람의 얼굴을 포함하여 '사물의 표정'(표현적 가치)을 보기 위한 장치라는 점에서, 바로 정감-이미지affection-image이다.[1]

특이하게도 들뢰즈는 클로즈업(얼굴)의 기본 구조를 설명하기 위해 시계의 이미지를 예로 든다. 이것은 데카르트의 『정념론』을 읽으면서 따온 예처럼 보인다.[2] 시계는 두 개의 축으로 이루어진다. 하나는 계속 돌아가는 바늘이고, 다른 하나는 이 바늘의 운동을 기호로 표기하는 문자판이다. 여기서 기호적 표기란 실질적 운동의 재현, 상징, 혹은 편의로 정해 놓은 자의적 지표를 말한다. 그래서 문자판의 기호들은 숫자일 수도 있고, 문자일 수도 있으며, 다른 어떤 체계로 대체가 가능하다. 바늘의 움직임은 이 가변적인 숫자판 위에서 일어나지만, 실제로는 숫자판 아래에서 작동하는 기계요소들의 미세하고도 "강렬한 연속 운동들"(데카르트에 따르면 태엽과 톱니바퀴의 힘)의 결과이다. 체계의 한 편에는 실질적 운동이 있고, 다른 한편에는 그것을 표기하는 재현의 운동이 있다. 숫자판의 형태가 아무리 다양해도 시계의 실질적 운동은 잠재적 진동(강렬한 연속운동)에 의해 발생한다. 한편 숫자판은 이 미세한 운동들을 수용하고 반영하여 이들을 특정한 체계로 표기한다. 시계의 숫자판은 "미세운동을 반영하는 얼굴판face"이며 움직이지 않는 무감동의 서스펜스를 이루는 부동판이다. 문자판은 미세운동을 상징적으로 혹은 명목적으로 표상하는 단일체이다.[3]

들뢰즈가 제시한 얼굴의 두 축(잠재적인 미세운동과 움직이지 않는 수용판의 긴장)은 베르그송이 정감을 논의하면서 썼던 틀과 같다는 점을 주목하자. 베르그송에 의하면, 정감의 한편에는 운동하려는 신경섬유의 미세한 힘이 있고, 다른 편에는 운동을 머금거나 거부하거나 흡수하려는 감각 수용판이 있다. 이 두 축(어떤 점에서는 힘과 질)의 결합은 긴장 속에서의 운동경향성을 낳는다 : "부동하는 신경판 위에서의 운동 경향," 즉 연속적인 일련의 미세한 미립자 운동이 다른 기관으로 이행하거나 반사되지 않고 수용판 위에서 긴장하여 머물러있는 상태.[4] 움직임이 없는 표면 위에서 특정한 윤곽이나 모습이 변하면서 일정한 운동경향성이 일어나 표정이 만들어질 때, 이것이 부동판에 의해 반영되는 정감이다. 즉 판은 미세운동을 반영하고, 미세운동은 판 위에서 실질적인 표현의 운동이 됨으로써 반영된다. 이 둘은 서로를 반영하고 반영되는 통일체이다. 표정 즉 표현운동이 얼굴 위에서 가장 잘 드러나는 이유는 다른 신체 기관에 비해 얼굴이 취하는 전체적 부

사진 1. 왼쪽은 르네상스 회화의 정수를 보여주는 뒤러(Albrecht Dürer)의 초상화이고, 오른쪽은 렘브란트(Harmensz van Rijn Rembrandt)의 초상화이다. 전자에 묘사된 인물은 굵은 선과 뚜렷한 윤곽선으로 인물의 완고하고도 고집스러운 성격이 드러나 있으며, 후자는 부서진 선과 분명치 않은 윤곽선으로 묘사되어 시인의 영혼이 강렬하게 표현되어 있다. 뵐플린은 전자를 선적인 양식으로, 후자를 회화적 양식으로 구분하였다.

동성 그리고 개별적으로 움직임이 가능한 각 부위의 자율성의 결합 때문일 것이다. 얼굴의 부동성은 신체의 다른 기관들(팔, 다리 등)처럼 공간적인 행동으로 재현할 수 없도록 붙잡아두는 반면, 얼굴 각 부위의 상대적인 자율성은 행동성을 허용한다.[5]

들뢰즈는 초상화 기법의 두 경향을 소개하면서 정감-이미지의 두 축을 설명한다. 이 예는 하인리히 뵐플린Heinrich Wölfflin이 『미술사의 원리』The Principle of Art History에서 두 가지 대별되는 회화 양식을 설명하면서 언급했던 초상화 기법의 두 스타일을, 들뢰즈가 자신의 논의로 끌어온 것이다. 뵐플린은 회화, 조각, 건축 등의 시각적 형식들 간의 시대별(특히 16세기와 17세기) 변천 과정을 몇 가지 범주들로 나누면서 크게 두 가지 양식을 구분한다.6 미술은 형태를 추구하는 양식과 운동(변화)을 추구하는 양식으로 나뉜다. 전자는 사물을 촉각적인 형태로 재현하기 위해 그것의 한계를 윤곽선이나 면으로 뚜렷이 나타내는 방식이다. 즉 사물의 외관을 직접 만질 수 있는 대상처럼 재현하여 그것의 고정된 형태와 객관적인 명료함을 강조하는 것이다. 뵐플린은 이를 "선적인linearly 양식"이라고 불렀다. 같은 맥락에서 들뢰즈는 이것을 "얼굴화 faceification, visagéification의 표면"이라고 불렀다.7 후자는 사물의 촉각적 형태를 포기하고 시각적 소묘를 추구한다. 이는 대상의 세부를 객관적으로 명료하게 나타내지 않고 눈에 보이는 전체가 부유하듯 가상적 깊이감 혹은 점진적인 운동감을 표현한다. 여기서 분명하고 지속적인 윤곽선은 사라지고 "파편적이고 부서진 선"이 윤곽선에 저항하여 그것을 흩어지게 한다. 이로써 촉각적인 표면은 파괴된다. 선적인 양식이 가지는 조형성을 강렬한 덩어리들의 바림 gradation으로, 즉 공간적이고 양적인 구분이 불가능한 모호함을 통해 농도와 질적 변화의 묘사로 대체하는 것이다. 그에 따라 대상은 뚜렷하지 않고 음영의 대비 역시 형태에 종속되지 않는다. 뵐플린은 이를 "회화적painterly 양식"이라고 불렀다. 한편 들뢰즈는 이를 "얼굴성"faceicity, visagéité 8이라고 부른다.(사진 1) 따라서 초상화에 묘사된 얼굴에는 두 경향이 공존한다. 하나는 객관적이고 현실적인 사물의 형태를 추구하는 경향이고(코, 입, 눈가, 수염, 모자 등),9 다른 하나는 주관적이고 잠재적인 정동affects을 표현하는 경향이다(입술의 떨림, 시선의 번뜩임, 육체의 부드러움 등). 얼굴의 한편에는 형상이 있고, 다른 한편에는 표정(표현)이 있다.[10]

　얼굴에서 이 두 축은 '생각'과 '느낌'의 축으로 양분된다. 생각에 빠진 얼굴인가? 아니면 무엇인가를 감지하고 느끼며 정념에 사로잡힌 얼굴인가? 이것이 얼굴 또는 정감이 가지는 문제의 두 축이다.[11] 생각하는 얼굴에는 얼굴의 모든 부분들이 "경이" admiration나 호기심을 유발하는 어떤 대상에 집중하면서, 그 대상을 생각하고 분석하고 파악하기 위해 얼굴 부분들이 단일한 전체로 명암을 드러낸다. 그리하여 계기판이나 다이어그램처럼 매끈하고도 무표정한 얼굴이, 즉 초상화 기법에서의 선적인 묘사처럼 얼굴 둘레의 윤곽선이 미세운동 전체를 반영한다. 반면 신체가 자극을 받으면 특정 부분에 동요가 일어나고, 이는 전체적인 균형에 소용돌이나 불균형을 초래하여 얼굴 전체에 경련이 일어날 것이다. 무언가를 생각하는 얼굴은 눈, 코, 입 모두가 생각을 떠올리며

사진 2. 그리피스의 작품인 〈흩어진 꽃잎〉(Broken Blossoms)나 〈이녹 아든〉(Enoch Arden)에 등장하는 여성들은 주로 돌아오지 않는 남편을 기다리거나, 어떤 대상을 주시하거나, 궁금함 때문에 골똘해 있는 얼굴(주로 릴리언 기시(Lillian Gish)의 창백한 얼굴)을 취한다.

통일되는 반면, 무언가를 느끼는 얼굴 즉 욕망, 슬픔, 기쁨 등 데카르트가 정념passion이라고 불렀던 것을 표현하는 얼굴은 신체의 진동을 겪으며 특정 부위가 일그러진다. 말하자면 동물정기가 두뇌 쪽으로 통일되는 대신에 신체 각 부분으로 흩어지는 것이다. 눈물을 흘리며 입술을 부르르 떨거나, 눈을 치켜뜨면서 째려 보거나, 대상을 뚜렷이 바라보며 얼굴이 붉어져 통일성이 깨지고 얼굴의 부분들이 독립적이 되면서 강렬한 표현운동이 판 위에서 일어나는 것이다.

이렇게 두 가지의 클로즈업 혹은 두 종류의 얼굴은, ① 형상적 얼굴figurative face, 선적인 얼굴linearly face, 단일한 얼굴unified face의 계열과, ② 충동적 얼굴impulsive face, 특질적 얼굴qualitative face, 회화적 얼굴painterly face의 계열로 대별된다. 또한 이는 윤곽선과 파선, 부동판과 강렬한 연속이라는 두 실존으로 대별되기도 한다. 들뢰즈에 따르면 이 두 클로즈업 유형을 대표하는 영화감독이 바로 그리피스와 에이젠슈타인이다. 그리피스는 전자의 얼굴을 대표하는데, 그의 클로즈업에서는 여성의 얼굴이 드러내는 순수하고도 부드러운 윤곽선이 유기적으로 조직되는 반면(사진 2), 후자의 얼굴(강렬한 얼굴)을 대표하는 에이젠슈타인의 클로즈업에서는 얼굴 각 요소들의 특질feature이 윤곽선을 빠져나가면서 강렬한 파토스를 분출한다. 가령, 그의 영화 〈전함 포템킨〉 Battleship Potemkin 에서 에이젠슈타인은 민중의 파토스를 추출하고 끌어 모아 혁명의 힘을 만들려는 의도에서 강렬한 클로즈업을 몽타주한다.(사진

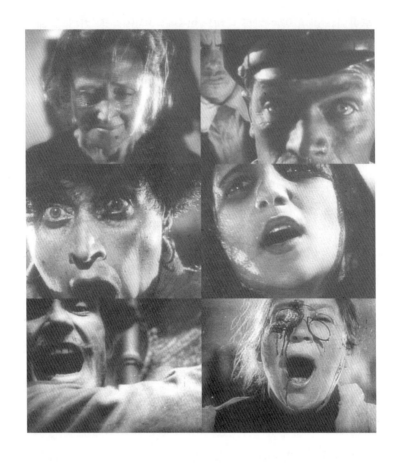

사진 3. 에이젠슈테인의 〈전함 포템킨〉에서는 혁명과 진압의 두 힘이 충돌하는 장면들이 강렬한 얼굴 클로즈업의 몽타주로 제시되고 있다.

3) 들뢰즈는 에이젠슈테인의 혁신적인 측면이 새로운 리얼리티의 창조에 있다고 지적하면서, 그것을 "분할체"dividual라고 불렀다. 개체들individuals의 특정 정서들을 변증법적으로 통일하여, 혁명의 힘으로서의 이들의 거대한 집단적 반영을 도출했기 때문이다. 그리피스의 얼굴과는 다르게 힘과 특질의 통일성을 표현한 것이다.[12]

영화에서의 표현주의expressionism와 서정추상lyrical abstraction은 그리피스와 에이젠슈테인의 대립과는 양상이 조금 다르지만 역시 대별되는 두 유파이다. 이들은 모두 추상과 연관이 있다는 점에서는 같다고 할 수 있다. 그러나 표현주의는 본질적으로 빛과 어둠의 강렬한 투쟁의 드라마이다.[13] 표현주의는 심리적 현실, 무의식, 잠재적 충동, 광기, 꿈과 같은 어두운 세계와 관계가 있다. 따라서 표현주의 영화의 화면은 어둠이 지배한다. 밤의 세계, 뒷골목의 세계, 정신병, 몽유병, 타락, 절망, 흡혈귀의 세계가 그것이

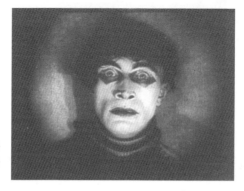

사진 5. 밝은 부분과 어두운 부분이 강하게 대립되는 모습의 몽유병자의 얼굴.

사진 6. 광기에 사로잡힌 칼리가리 박사의 얼굴. 밝은 부분과 어두운 부분의 강한 대비가 그의 정신 상태를 나타내고 있다. 반면에 광기로부터 빠져 나와 정상인 상태의 얼굴에는 그러한 대비가 없다.

사진 7. 어둠 속에서 빛을 받은 인물의 모습은 빛과 어둠의 강한 대립으로 이루어진다.

다. 이러한 정신 상태를 표현하기 위해 표현주의는 일그러지고 양식화된 우주를 창조한다. 칼리가리Caligari, 노스페라투Nosferatu, 골렘Golem 등 모든 인물과 분위기가 광기와 몽유병으로 채워져 프레임 자체가 기이한 악몽의 세계로 그려진다. 영화가 빛의 유희라면, 표현주의는 이 빛을 어둠과의 투쟁으로 다룬다. 예컨대 얼굴 클로즈업은 주로 어둠 속에서 나온다. 그것은 어둠으로부터 빠져나오기 위해 어둠과 투쟁하는 얼굴이고, 충동, 무의식, 꿈, 몽유병과 투쟁하는 강렬한 얼굴이다. 눈과 코 그리고 입을 나타내는 굵은 선으로 음영이 뚜렷한 몽유병자의 얼굴(사진 5), 광기에 사로잡혔을 때의 줄무늬 진 얼굴과 정상이 되었을 때의 흰 얼굴로 대별되는 칼리가리 박사의 두 얼굴(사진 6), 어둠에 갇히어 창밖을 볼 때 빛과 그늘로 줄무늬 진 얼굴(사진 7), 어둠이나 그림자의 공포에 놀라는 얼굴(사진 8) 등, 어둠이 부각되어 빛과 어둠의 대비가 강렬해진다. 빛과 어둠의 갈등이 무르나우의 〈파우스트〉Faust 에서는 사랑Liebe으로 대변되는 백색 덩어리 — 외형질ectoplasm에 가까운 — 와 악으로 대변되는 검붉은 악마(메피스토펠레스)의 싸움으로 묘사되기도 하며(사진 9), 프리츠 랑Fritz Lang의 〈니벨룽겐〉Die Nibelungen : Siegfried에서는 새로 분신한 백색의 선과 검은 악의 투쟁적 아쌍블라주로 묘사되기도 한다(사진 10). 강렬한 얼굴은 윤곽선이 분명한 사물의 상태들로 이루어진 현실을 온전하게 모방하거나 재현하지 않고, 윤곽선을 파헤치고 그것을 넘어 정동의 세계를 드러낸다. 표현주의 회화에서도 얼굴은 일그러지고, 비

사진 8. 인물들은 어둠과 싸우거나 어둠 속에서 공포를 느끼며 감정을 표현한다. 빛을 받은 얼굴들은 어둠에 감싸여 윤곽선을 잃고 어둠 속에 파묻히듯 등장하거나 사라진다.

명을 지르고, 절규하고, 너무 밝거나 너무 어둡거나, 날카롭거나, 몽환적이며, 육체 역시 뚜렷한 외형이 없이 유체로 묘사되거나 몽상적이다.14 지각 가능한 물리적 실재보다는 내부의 정동, 즉 느껴지는 것을 표현하기 위해 부서지고 일그러진 우주를 창조하는 것이다.

서정추상Lyrical abstraction은 표현주의와는 다른 방식으로 정감(얼굴)을 추출한다. 들뢰즈는 특히 연초점렌즈Soft Focus Lens 테크닉 — 꿈같이 부드럽고 서정적인 분위기를 내기 위해 고안한 렌즈로 피사체의 둘레를 흐리게 보여준다 — 의 대가로 알려진 슈테른베르크Josef von Sternberg를 소개한다. 기술적으로 볼 때 그의 표현주의에 관한 언급이 조명이나 무대장치에 관한 미학적 해설이었다면, 슈테른베르크의 논의는 연초점에 관한 해설이라고 할 수 있을 것이다. 표현주의는 빛과 어둠, 백색과 검은색, 낮과 암흑 같은 양극성 — 괴테의 색채미학에서 영향을 받은 — 에서 일어나는 강렬한 정감의 추출이었는데 반해,15 서정추상은 투명한 빛이 매질(투명매질, 반투명매질, 불투명매질)을 통과하면서 생기는 굴절색의 변화에 따른 정감의 추출과 관련이 있다. 들뢰즈는 이 역시 괴테의 색채미학의 또 다른 측면이라고 지적하면서,16 슈테른베르크가 괴테의 굴절색에 관한 이론을 자기 식으로 변형시켜, 표현주의가 원리로 삼았던 빛과 어둠의 대립이 아니라 빛과 흰색(흰색은 순수불투명이다) 사이의 관계에 천착했음을 지적한다.

사진 9. 무르나우의 〈파우스트〉에서는 빛과 어둠의 투쟁이 사랑으로 대변되는 백색덩어리의 화신인 천사와 검은 악마의 싸움으로 그려진다.

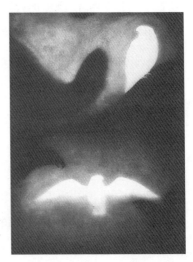

사진 10. 프리츠 랑의 〈니벨룽겐〉에서는 선과 악의 투쟁을 흰 새와 검은 새의 싸움으로 묘사되고 있다.

빛은 더 이상 어둠과 관계하지 않는다. 다만 투명, 반투명 혹은 백색과 관계한다. …… 모든 것은 빛과 백색 사이에서 일어난다.(Deleuze, *Cinema 1*, 92)

들뢰즈는 백색공간을 활용한 슈테른베르크의 클로즈업 몇 가지를 예시한다. 렌즈 앞에 연기를 뿌리거나, 심지어 거즈를 붙여 생기는 빛의 굴절, 혼탁함, 불투명 등을 이용하여 서정적 환상이나 꿈같은 이미지를 부드럽고 엷은 화면질감으로 연출하는 것이 그 예이다. 가령, 〈진홍의 여왕〉The Scarlet Empress에서는 젊은 소녀의 얼굴을 백색 공간으로 가두어 윤곽선을 드러내 호기심과 경이로움에 사로잡힌 얼굴을 추상한다(사진 11). 또는 침대에 누워 있는 여인의 얼굴을 베일이나 커튼 혹은 망사를 이용하여 흰 면(공간)으로 둘러싸 클로즈업하면, 망사의 촘촘한 사각형 무늬 안에 상감 처리된 점묘화처럼 얼굴이 드러나는데, 이렇게 흰색의 배

사진 11. 슈테른베르크는 흰색의 벽과 문 사이에 여인의 얼굴을 가두어 클로즈업한다. 이 경우도 표현주의와 마찬가지로 얼굴을 추상하여 정동을 추출하는 것이긴 하지만, 강렬한 정감을 추상하는 것이 아니라 경이 즉 비워진 순수성을 추상한다.

사진 12. 슈테른베르크는 여인의 얼굴을 백색의 환경 속에 가두고 반투명 매질(그물 등)을 사용하여 얼굴로부터 정동을 추출하였다. 이로써 여인의 호기심과 절망과 같은 결정적이거나 파국적 상황에서의 심정을 이상적으로 표현하였다.

경과 커튼의 굴절을 통해 외형과 윤곽선을 흩어지게 하고, 태피스트리나 픽토그래프처럼 얼룩점들의 집합으로 특질의 덩어리를 추상하는 것이다(사진 12). 이렇게 서정추상은 공간의 축소 또는 공간의 실제성을 지운 백색 배경으로 얼굴을 추상한다.[17] 인위적으로 장소를 압축하여 비현실적인 장을 규정하고 전체 세계를 제거하여 마치 동양화의 흰 배경 위에서 홀연히 노니는 한 마리 물고기처럼(사진 13), 부드럽고 흐느적거리며 혼탁하면서도 폐쇄적인 수족관 환경에 갇힌 것 같은 여자의 순수한 얼굴로 이상화하는 것이다. 괴테에 따르면 굴절이란 사물의 분명한 윤곽선과 형태를 자아내는 원근법적 조건으로서 빛의 직진원칙으로부터의 일탈을 의미한다. 투명한 매질에서는 빛의 굴절이 최소화되어 직진하기 때문에 사물의 분명한 윤곽선과 형태가 나오는 반면, 반투명이나 불투명한 매질에서는 형태가 흐릿하거나 불분명해지기 때문이다. 따라서 굴절은 매질의 종류나 밀도나 색에 따라 사물이 낯선 성질로 현시되게 하는 작용이다(괴테, 『색채론』, 185번). 서정추상은 얼굴의 강렬함 즉 빛과 어둠의 싸움을 통해 일그러지고 왜곡된 얼굴을 드러내지 않고도 불투명의 백색공간으로 그 윤곽선을 지워 정감을 추출하는 전혀 다른 방식이다. 백색공간은 어둠만큼이나 외부의 잠재성에 열린 공간이다. 이 잠재적 공간 안에서는 모든 색이 선택될 가능성이 있으며, 어떤 형태의 사건이 일어날지 알 수 없는 운동의 미결정성의 표현에 적합한 공간이다. 여기서 공간은 어둠에서처럼 투쟁적이지 않고 선택적이 된다.

결국 영화적으로 정감을 추상하는 이상화의 두 가지 양상이

사진 13. 수묵화에서 표현된 물고기는 실제적 공간성을 잃고 그 자체 고유한 운동성 혹은 정동이 독단적으로 드러난다.

사진 14. 둘만의 세상을 찾아 가출을 한 해리
와 모니카는 생계를 해결할 수 없어 집으로
돌아오면서 각자만의 생각에 빠져있다.

사진 15. 모니카가 아이를 낳은 후 해리는 아이를
보기 위해 마치 액자에 갇힌 것처럼 분만실 창으
로 얼굴을 내밀고 있다.

있는 셈인데, 하나는 표현주의처럼 빛과 어둠의 대비를 통해 얼굴 부분들의 자율성을 최대화하여 강렬함을 창출하는 방식이고, 다른 하나는 백색 환경에 가두어 얼굴의 윤곽선을 지우고 공간성을 소거해 그 순수한 질을 드러내는 방식이다. 수묵화처럼 배경을 지우고 사물로부터 정감을 끄집어내는 것이다. 어떤 점에서 영화에서의 클로즈업은 모든 예술의 공통적인 양식일 수 있다. 예술은 사물로부터 정감을 추상하고, 그 순수한 상태의 이상화된 이미지를 보존하기 때문이다.

참고로, 베르히만Ingmar Bergman의 클로즈업 또한 예외적으로 고려해 볼 수 있을 것이다. 그의 클로즈업은 추상을 통한 이상화 공간의 규정이 아니라 시간의 총체적인 반영으로 나타나 역설적으로 클로즈업 자체에 거리가 확보되는 것처럼 보인다. 〈모니카와의 여름〉Summer with Monica이나 〈가을소나타〉Autumn Sonata가 좋은 예이다. 〈모니카와의 여름〉에서는 청소년인 모니카와 해리의 일탈과 결혼 그리고 파탄의 과정이 그려진다. 여기서 몇 가지 주목할 만한 클로즈업이 나오는데, 가령 일탈적 가출에서 실패한 후에 배를 타고 집으로 되돌아오는 두 청소년의 우울한 표정의 클로즈업(사진 14), 모니카가 낳은 아이를 바라보는 해리의 얼굴이 마치 액자에 담긴 초상화처럼 가두어지는 클로즈업(사진 15), 결혼 후 지겨워진 삶에 싫증이 난 모니카가 처음에 해리와 만났을 때처럼 카페에서 다른 남자에게 담뱃불을 빌릴 때 그녀의 음탕하면서도 사악한 시선의 클로즈업(사진 16), 그녀의 부정으로 두 사람이 헤

사진 16. 결혼생활에 권태를 느낀 모니카는 카페에서 다른 남자에게 접근하여 유혹하고는 카메라와 다른 곳을 번갈아 바라보며 생각에 빠져있다.

어지고 난 후에 해리는 집을 처분하고 아이를 안고 떠나는데, 해리가 아이의 모습과 자신의 모습을 거울에 비추면서 그의 근심에 쌓인 얼굴이 회상된 플래시백과 함께 겹쳐지는 클로즈업이 그 예들이다(사진 17). 이들 클로즈업은 인물들의 반성과 관조의 형식으로 그들의 상황을 총체적으로 반영하면서, 과거와 미래가 공존하는 시간 전체를 드러낸다. 클로즈업이 감정을 촉발하기보다는 거리를 두고 상황 전체를 조망하게 해 주는 수단이 되는 것이다. 이러한 총체적 반영의 극단적 형태는 〈가을소나타〉에서 그 유명한 어머니와 딸의 피아노 장면에서의 클로즈업일 것이다(사진 18). 서로 자리를 바꾸어가며 피아노를 치는 동안 어머니와 딸은 각자의 과거 전체를 회상하면서, 어머니와 딸이라는 사회적·유기적 존재로부터 벗어나 각자만의 고유한 정동을 표현하는 실체가 된다. 여기에서 클로즈업은 시간의 총체적 반영과 동일시되어, 인물들의 완전한 다양체 그 자체를 보여준다. 즉 그녀들의 얼굴 위에서 표현되는 것은 시간 그 자체이다. 베르히만의 클로즈업은 표현주의나 슈테른베르크의 이상화와는 전혀 다른 방식의 카메라-시선을 구현하여, 단순히 감정상태뿐만 아니라 '시간의 정동화'를 완성한다.

모든 것을 종합해 볼 때 사물로부터의 정감의 추출은 표현주의든 서정추상이든(또 예외적으로 베르히만의 카메라-시선이든) 사물의 현실적 양태와 공간성을 소거하는 과정임을 알게 된다. 어

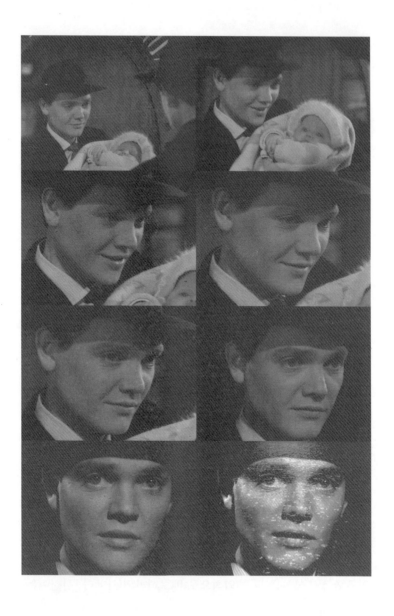

사진 17. 해리는 모니카와 결별한 후에 아이를 안고 어디론가 떠난다. 길에서 거울을 보며 자신의 모습을 바라보다가 모니카와 보냈던 먼 과거를 회상한다.

둠과의 투쟁에서 빛의 승리이든, 퇴락을 통한 특질의 추출이든, 공간이 비워진 백색 환경 속에서의 특질의 추출이든, 정감-이미지는 현실적 공간성으로부터의 추상으로 환원된다. 사물이 놓여 있는 전체 배경이나 공간적 좌표를 지우면 그것의 현실적 위상과 기능은 사라진다. 현실적 존재란 그것을 지각 가능하게 하는 위상, 위치, 기능, 상관성과 같은 좌표 내의 정위 외에 그 무엇도 아니다. 어떤 점에서 보면 클로즈업은 공간성이나 현실적 사물성을 강화하는 의도에서 고안된 방식처럼 보이기도 한다. 보다 많은 정보를 확보하기 위해, 즉 자세히 보기 위해 생명체의 얼굴이나 사물의 특정 부위로 근접하거나 확대하기 때문이다. 이때의 클로즈업은 사물의 특정 부분 또는 부분대상a partial object의 제시에 다름 아니다. 보다 구체적이고 현실적인 대상(충동의 이미지)이 되는 것이다. 무의식의 구조로서의 남근-이미지(정신분석)나 언어의 구조를 이루는 환유-이미지(언어학)에서 알 수 있듯이, 부분대상

사진 18. 오랫동안 헤어져 살던 모녀는 노년이 되어 다시 만나 옛날을 회상하며 피아노를 번갈아가며 친다. 이들의 교차되는 클로즈업에서 인물들의 서로에 대한 원망과 사랑과 그리움은 다양체로서의 과거 전체를 반영한다. 베르히만의 클로즈업은 인물의 시선을 통해 총체적인 시간 전체를 반영한다.

이란 자신을 포함하고 규정하는 더 큰 전체로부터 가상적으로 찢겨져 나온 것이기 때문에, 결국엔 되돌아가야 할 그 공간 전체를 암시하거나 전제한다.[18] 손은 팔과 몸에, 얼굴은 몸통에 귀속되어야 한다. 나아가 부분대상으로서의 사물들은 있을 수 있는 모든 기능과 그 위상을 나타내 줄 더 큰 전체로서의 좌표를 수반한다. 전체나 좌표란 부분대상을 가두거나 한정하는 윤곽선 같은 것이다. 얼굴을 이루는 요소들을 포함하고 가두는 폐쇄된 한계로서의 윤곽선이 그것이다. 그렇기 때문에 선적인 양식의 초상화는 전체를 향한 의지와 멀지 않다. 이렇게 부분대상으로 제시된 사물은 자신을 포함하는 더 큰 전체나 상관적인 다른 것과의 '연속성' 속에서 파악되기 때문에, 부동하는 상태 속에서의 운동경향 즉 표현운동으로서의 정감은 발생하지 않는다.[19] 이런 논리에 따르면 클로즈업과 정감은 관계가 없어 보인다. 클로즈업은 오히려 정감을 파괴하고 사물을 강화한다. 그러나 들뢰즈는 헝가리 영화학자 발라즈Béla Balàzs의 주장을 빌어 클로즈업이 제시하는 것은 부분대상과는 관계가 없다고 주장한다. 클로즈업은 전체로부터(영화 전체, 내러티브 전체, 등장인물의 신체 전체, 혹은 사물 전체로부터) 일부를 떼어내는 것이 아니라, "모든 공간-시간적 좌표로부터 부분을 추상한다. 즉 그것은 대상을 실체entity로[20] 끌어올린다."(Deleuze, *Cinema 1*, 96)

무엇이든 현실적으로 지각되어 존재성을 가지려면 그 위치, 크기, 상태를 지시해 주는 시-공간적 좌표를 필요로 한다. 사물은 어디엔가 놓여야 하고, 공간을 점유해야 하며, 다른 사물과 구별되는 특정한 형태를 드러내야 한다. 너무 빠르거나, 흐르거나, 강도가 너무 미약하거나, 특정한 양태가 없거나, 고립되거나 모호한 것들은 지각될 수 없기 때문에 대상으로서의 현실적 존재성을 가지기 어렵다. 현실화되기 위해서는 세계 내에서의 사물성을 필요로 한다. 현실적 존재는 다른 현실적 존재와의 집합관계에 묶이는 것이고, 그럼으로써 그 대상은 다른 존재에 대하여, 혹은 비교와 측정의 기준으로서의 좌표에 대하여 상대적이 된다. 현실적 존재는 사회적으로 어떠한 기능을 수행하고 물리적 양태를 소유하며 특정한 방식으로 규정된 존재이다. 그는 집합체 내에서의 한 항으로 존재한다. 또한 더 큰 집합으로 연결될 가능성이 있는 동질적 요소로 살아간다(어머니, 아버지, 학생, 법관, 몸의 기관으로서의 손과 얼굴). 마치 운동경기 내에서 포지션을 점유한 플레이어처럼, 현실적 존재는 시간과 공간 안에서 전체 운동과의 유기적인 연관성(연속성)을 유지하며 존재로서 의미를 가진다. 이것이 정상성이라고 하는 중심이 전제된 부분대상의 삶이다.

사진 19. 어머니가 딸에게 피아노를 가르쳐 줄 때에 카메라는 쇼팽 전문 피아니스트이자 어머니인 그녀의 손을 클로즈업 한다.

발라즈에 따르면 클로즈업으로 제시된 얼굴은 현실적 존재성을 입증해 줄 객관적 정보를 가지지 않는다. 크기나 규모 등 공간적 조건을 비교할 만한 주변대상이나 배경이 없고, 그 대상의 위상을 말해 주는 지표가 될 만한 집합관계 역시 존재하지 않기 때문이다. 화면 안에 클로즈업으로 고립된 손은 그것이 누구에게 속한 손인지에 따라 의미가 부여된다. 그것이 무엇을 하려는 손인지 혹은 누구의 손인지는 손의 이러한 연관성에 의해 제시된다. 예를 들어 베르히만의 〈가을소나타〉에서 어머니가 피아노를 칠 때에 카메라는 그녀의 손을 클로즈업한다(사진 19). 이때의 클로즈업은 손의 정동적인 실체에 앞서 화면 바깥의 좌표를 내포하고 있다. 그것은 어머니의 손이며 피아니스트의 손이다. 그러나 주변으로부터 고립된 얼굴은 이러한 연관성을 필요로 하지 않는다. 이는 기능의 상실처럼 보이지만, 그보다는 좌표로부터 추상되어 지시 관계가 없이도 드러나게 되는 하나의 독립적 실체로서의 절대적 존재의 표현이다.[21]

> 얼굴에 나타난 표정은 그 자체로 완전히 이해 가능한 것이기 때문에 우리는 시공간상으로 그것을 연결해서 생각할 필요가 없다. …… 클로즈업을 통해 눈을 들여다볼 때 우리는 그 넓은 공간을 더 이상 생각하지 않게 된다. 왜냐하면 얼굴의 표현과 의미는 공간과 아무런 연관성이 없기 때문이다. 얼굴만을 따로 대하는 것은 우리를 공간에서 분리시키고, 공간에 대한 우리의 의식은 단절된다. 그리고 우리는 자

신이 다른 차원에 있음을 알게 된다. 그것은 얼굴 표정의 차원이다.
(발라즈, 『영화의 이론』, 69쪽)

생각할 때에는 사물의 어렴풋한 형상만이 고립되어 떠오르
듯이, 추상이란 현실적 관계가 배제되어 독단적으로 고양된 존재
성 혹은 절대적 상태로의 소외이다. 폐쇄된 백색공간에 고립된 얼
굴을 보여주어 여인의 서정적 실체 ─ 아름다움, 두려움, 사랑, 절망,
다짐과 같은 그녀의 정동 ─ 를 추상했던 슈테른베르크의 서정추상이
이에 해당한다. 또한 드레이어Carl Dreyer의 〈잔 다르크의 수난〉La
Passion de Jeanne d'Arc에서는 거의 모든 장면이 인물들의 얼굴로만 채
워진다(사진 20). 몸싸움도 없고, 뚜렷한 행위도 거의 없이 표정과
제스처만 존재한다. 심지어 말을 하는 입모양조차 말하기의 기능
이 아니라 표정의 일부로 보일 정도이다. 추상적 관념(사랑, 환희,
희망, 절망 등)을 대변하는 중세 로맨스 인물들의 이름처럼, 이 작
품의 화면 안에서 벌어지는 것은 행위의 결과들로서의 사건이 아
니라 정감의 다양한 이행들이다. 그래서 우리는 주교나 군인 혹은
젊은 소녀의 행위가 아니라 '분노'가 고함을 지르자 '슬픔'이 반항
하고, '이성'이 억누르자 '열정'이 고개를 들었다는 식의 표현주의
적 다양체를 접하게 된다. 이런 점에서 얼굴-클로즈업은 사물을
자세히 보기 위해 가까이 다가가거나 확대보기가 아니다. 근접이
나 확대는 오히려 물리적 조건 즉 좌표의 강화이다. 얼굴-클로즈
업은 집합으로부터 부분을 떼어내거나 좌표 내에 있는 한 요소의

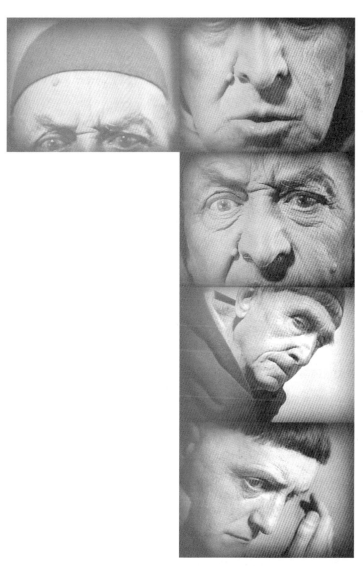

사진 20. 드레이어의 〈잔 다르크의 수난〉에서는 대부분의 장면이 얼굴-클로즈업으로 채워져 있다. 이로써 이 작품이 목적으로 하는 것이 사건이나 역사적 사실이 아니라 **인물들의 정감임**을 알 수 있다.

식별이 아니라, 오히려 집합 자체의 소거이자 좌표 자체의 변화 즉 공간을 넘어서는 차원 자체의 변화이다. 동일한 좌표 안에서의 공간의 이동이나 상대적 변화가 아니라 표현 운동으로서의 질적 변화, 공간을 이동하던 물체로부터 운동이 빠져나오려는 어떤 경향성을 가질 때의 표현운동, 가령 얼굴색이 변해 붉어지거나 주전자가 끓어오르면서 발생하는 힘에서 질로의 변화, 지각에서 감정으로의 질적 변화, …… 들뢰즈의 말마따나 "운동의 돌연변이"가 일어나는 것이다.

들뢰즈는 얼굴의 세 가지 기능을 언급한다. 첫 번째로 얼굴은 사람들 각각을 식별하게 하고, 그들의 특유한 정체성을 확인할 수 있게 한다는 점에서, 얼굴에는 "개별화"의 기능이 있다. 두 번째로 얼굴은 이 개별화 기능과 더불어 사람들 각각의 사회적 역할과 위상 즉 사회적 존재성을 부여한다는 점에서, 얼굴에는 "사회화"의 기능이 있다. 그리고 세 번째로 얼굴은 사회 안에서 사람들 사이의 소통의 근간이 될 뿐만 아니라, 이 소통에 있어서 개인의 적절한 역할과 그의 내면적 자아와의 통일을 보증해 준다는 점에서, 얼굴에는 "상관성 혹은 소통"의 기능이 있다. 이렇게 얼굴은 개인을 만들고, 그의 사회적 기능과 역할을 부여하며, 그 역할과 그의 정체성을 일치시킨다. 우리는 얼굴을 가짐으로써 상대적 좌표 내부에 식별 가능한 하나의 위치로서 정위된다. 얼굴의 이 기능들은 현실을 가정한 것이고, 거기서 사람들은 행동하고 지각한다. 그러나 클로즈업에서는 얼굴이 모든 기능과 실제성을 상실한다. 클로즈업에서 인물은 직업이나 사회적 역할을 잃어버린다. 현실적 좌표가 사라지기 때문에 사회화가 불가능한 것이다. 클로즈업으로 확대된 얼굴은 소통을 할 수도 없고 소통을 원하지도 않는다. 그것은 절대적 침묵에 사로잡힌 얼굴이다. 이 침묵 속에서는 지각이나 반성의 원리가 아니라 정감의 원리가 지배한다. 그것은 공포라든가 슬픔의 간접적 이미지 — 소통으로서의 두렵거나 슬픈 표정 — 가 아니라 공포와 슬픔의 직접적 경험이다. 개별화의 원리가 지배하지 않는 영역, 즉 거리나 크기와 같이 양적인 관계를 부여하는 공간이 소멸된 영역에서, 얼굴은 형태나 윤곽이 지워지면서 점점 분자적이 되어간다. 그래서 얼굴들은 모두 비슷비슷 닮아가거나 혹은 둘 셋으로 갈라져 식별이 불가능해진다.

이렇게 우리는 다시 베켓의 〈영화〉와 마찬가지로 정감-이미지가 현실적 기능과 공간의 소거 또는 소멸로 흩어지는 이미지임을 알게 된다. 들뢰즈에 따르면 "정감-이미지로서의 클로즈업은 얼굴이면서 동시에 그 얼굴의 지움이다."(Deleuze, *Cinema 1*, 100)

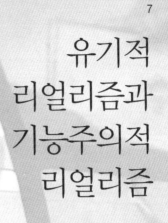

유기적
리얼리즘과
기능주의적
리얼리즘

하워드 혹스 (Howard Hawks, 1896~1977)

유기적
리얼리즘과
기능주의적
리얼리즘

행동-이미지에 대한 들뢰즈의 논의에는 "유기적 구성"이나 "유기적 편집"이라는 용어가 나온다.[1] 영화사적으로 볼 때 이것은 미국의 그리피스식 몽타주 방식을 지칭하는 개념이다. 몽타주는 운동-이미지(쇼트)를 특정한 방식으로 배열하여 거기서 어떤 의미와 사유를 간접적으로 보여주는 과정이다. 그것은 파편들을 묶어 전체를 만들고, 빛-물질을 모아 시간을 구성하는 것이다. 또한 이것이 영화(사)이다.[2] 서구 영화사를 이 배열 방식에 따라 미국식, 소비에트식, 프랑스식, 독일식 등으로 나눌 수도 있을 것이다. 여기서 미국식 편집 배열 방식을 들뢰즈는 유기적이라고 불렀다.[3] 유기적 편집은 사물의 이미지를 서로 관련지어 특히 이항적 binomial으로 배열하는 방식이다. 예컨대 책상의 이미지가 나오면 그와 관련된 의자가 나오고, 남자가 나오면 그를 바라보는 여자가 나오고, 가난한 자가 나오면 부자가 나오고, 최후의 결투에 이르기 위해 보안관과 악당이 교차해서 나오는 식이다.[4] 여기서 모든 사물은 이 리듬에 따라 한 이미지가 다른 이미지로 이어지는 편집, 즉 그리피스가 주로 썼던 평행교차편집을 구성하는 이원적인 관계 속에서 유기적으로 묶인다.[5] 부분들이 모여 상호보완적으로 하나의 전체를 형성하면서 이완과 수축을 반복하는 가운데, 이미지가 마치 살아 있는 생명처럼 스스로 움직이고 숨을 쉬는 것으로 조직되는 것이다.[6] 이것은 근원적인 세계의 힘power과 질quality 그리고 정동affects이 구체적인 형태와 대상을 가지는 특정 세력이 되고, 그 세력이 자연적이든 사회적이든 삶의 환경이 되어가는 과정, 즉 잠재태가 현실화되는 과정이다.

이미지를 이런 식으로 배열하게 되면 관련이 있는 것들을 교차해서 보여주기 마련이다. 가령, 하나의 손을 보여주는 장면이 제시되고 나서 칼의 장면이 나오면, 손을 클로즈업 했을 때 효과적으로 드러날 수 있는 손의 정감affection[7]은 사라지고, 살인이라든가 절단과 같이 칼과 연계된 손의 행위가 암시된다. 또 얼굴이 나온 후 그 얼굴을 바라보는 다른 얼굴이 나온다면, 얼굴의 정감은 사라지고 대화라고 하는 상관적 행위가 제시되는 것이다. 이런 식으로 들판이 나오면 마을을 보여주어 행동의 특정 장소를 나타내기도 하고, 대립되는 세력들의 이미지를 교차하여 둘의 경쟁이나 투쟁을 보여주기도 하고, 지역 전체가 나오면 그 안에 속한 노동자를 보여주어 사회적 상황이 드러나기도 한다. 이 유기적 이항 관계가 바로 세계가 현실화되는 과정이고, 이것이 바로 행동-이미지이며, 예술에서의 리얼리즘이 구성되는 방식이다.[8] 그리피스로 대표되는 미국식 리얼리즘은 평행교차편집으로 이미지들을 유기적으로 통일함으로써 세계가 행동성으로 현실화되는 과정을 보여주었다.[9]

들뢰즈는 유기적 구성의 두 가지 축을 나눈다. 하나는 큰 형식large form이라고 하고, 다른 하나는 작은 형식small form이라고 부른다. 큰 형식은 S-A-S' 그리고 작은 형식은 A-S-A'로 도식화할 수가 있다. 여기서 Ssituation는 인물에게 주어진 어떤 상황이나 인물을 둘러싼 포괄적 환경을 지칭하고, Aaction는 그 상황이나 환경에 대한 인물의 행동, 반응, 대응을 지칭한다. 그리고 S'(또는 S")는 그 행동에 의해 새롭게 만들어진 상황을 지칭한다. 가령, 남북전쟁이라는 국가적 상황이 터지면, 남부와 북부의 모든 개인들은 징집을 받아 전쟁터로 떠난다. 그들 각자는 가족이나 연인과 이별을 하고, 고향을 떠나기 위해 필요한 모든 행동을 할 것이며, 전쟁터로 나가 전투를 하고, 승리 혹은 패배로 인해 새로운 상황을 만들거나 그 상황에 던져지는 것이다. 따라서 큰 형식의 구도는 "상

사진 1. 쇼스트롬의 〈바람〉에서는 애리조나로 이주해 온 여성이 태풍이라는 자연환경과 현지 주민들과의 갈등을 극복하여 자신에게 닥친 환경과 새로운 관계로 나아가는 문제를 다루고 있다.

황(환경)-행동-새로운 상황(환경)"이다. 반면에 후자(작은 형식)에서는 행동(A)이 먼저 등장하고, 그 행동에 따라 어떤 상황(S)이 펼쳐지고, 이 상황에 대해 다시 새로운 행동(A')이 나오는 식이다. 흔히 볼 수 있는 코미디 장르의 경우 한 인물이 나와 갑자기 넘어진다든가 맨홀에 빠진다든가 하여 상황 전체를 부조리하게 이끌고 가는 행동-이미지가 나온다. 인물의 행위를 포괄적으로 규정하는 큰 상황이 주어지기 전에 인물이 먼저 등장하여 익살스러운 작은 행위들을 펼치는 것이다.

큰 형식은 환경이나 상황 전체의 관점에서 그것이 작은 운동으로 인해 변조되어가는 과정에 초점을 맞춘 것이고(환경에서 행위로), 작은 형식은 행동의 관점에서 행동이 새로운 상황을 맞아 다시 새로운 행동을 도출하는 과정에 초점을 맞춘 것이다(행위에서 환경으로).[10] 이 두 형식은 마치 매 한 마리가 하늘을 선회하면서 그리는 거대한 포물선과 미세하고도 작은 떨림을 통해 진동하는 그의 날개 짓의 동시적 공존과도 같다.

1. 큰 형식 혹은 유기적 재현

큰 형식은 전쟁이라든가 공동체의 이주 혹은 그 밖에 주어진 거대한 환경과 이에 반응하는 행위가 유기적으로 연결된 경우이다. 전쟁이라는 상황은 인물이 속한 시간과 공간 전체에 걸쳐 힘

사진 2. 플레허티의 〈북극의 나누크〉에서는 에스키모인을 둘러싼 포괄자로서의 환경에 적응하고 맞서며 생존을 유지하고 있는 행동–이미지가 펼쳐진다. 이 작품의 경우 행동–이미지의 도식은 S–A–S'가 아니라 S–A–S가 될 것이다. 행동이 새로운 환경의 열림보다는 생존을 유지하기 때문이다.

(세력)이 넓게 퍼져 분포된 환경이다. 정치적 상황(보이지 않는 국내의 정치적 움직임), 외교적 상황(국가 간의 움직임), 각지에서 서서히 몰려오는 병사들 등. 전쟁은 국가 전체, 지역 전체의 잠재적 상황의 총체로서 드러난다. 등장하는 모든 인물의 행위와 이동이 그러한 총체적 상황을 표현한다. 그리피스의 〈국가의 탄생〉The Birth of a Nation에서는 전쟁터에 출정하기 위해 각지의 젊은이들이 가족과 이별을 하고, 애인과 만나고, 친구들과 헤어지는 등의 행동을 한다. 전쟁이라는 잠재적 환경 전체가 조성되는 것이다. 환경은 일정한 분위기가 감돌면서 인물들 주변에서 큰 원을 그리며 인물들을 포괄하고 있는 형상이다. 인물들은 살아남기 위해 그 상황에 대응하여 행동한다. 나아가 전쟁터라는 특정한 장소에서 총과 칼의 대면과 같은 행동을 통해 병사들은 넓게 퍼져있는 상황 전체를 치열하고도 날카로운 이항적 대결로 현실화한다. 서서히 잠재적으로 일어나는 전쟁의 분위기와 기운이 전쟁터와 같은 실제적 장소에서 총과 칼의 대면이라는 대상적 행동으로 수축된 형태로 현실적이 되는 것이다.

현실은 항상 대면으로 이루어진다. 만나고, 싸우고, 부딪치고, 경쟁하는 가운데, 현상학자들이 말했던 '~에 대한' 지향적 존재가 되어 간다. 현실이란 관계 속에 던져지는 것이다. 환경에의 대면, 타인과의 대결, 자기 자신과의 싸움은 현실적 존재의 불가피한 운명이다. 마찬가지로 행동이란 근육, 공간, 지각, 시간 전체의 한 점으로의 수축이다. 이렇게 인물들이 행동을 통해 첨예하게

사진 3. 킹 비더의 〈군중〉에서는 대도시의 만장일치된 환경 속에서 살아가기 위한 개인들의 반복적이고 도식화된 투쟁이 그려진다. 마지막의 극장 장면은 이들의 공허한 집단성을 잘 보여주고 있다.

대립하고 이항적 관계가 끝나면, 이제 새로운 상황(평화, 제국, 휴전 등)이 출현할 것이다. 전쟁에서 승리한 이데올로기가 인물들을 포괄하거나, 새로운 지배 관계에 의해 행동들이 통제되거나, 인물들의 행위를 규정하는 새로운 환경이 등장하는 것이다. 이 과정을 도식화하면 큰 원에서 작은 점으로 그리고 다시 새로운 큰 원으로의 이행처럼 보인다. 이것이 바로 SAS'이다. 들뢰즈는 이것이 마치 "두 개의 거꾸로 된 나선형" 혹은 "모래시계"와 같은 모양이라고 묘사한다.[11]

큰 형식은 주어진 환경과 상황이 행동에 의해 변조되거나 새로운 상황으로 변해가는 과정을 재현하는데, 들뢰즈가 제시한 초창기 미국 영화들은 이 구도를 다양하게 보여준다. 가령, 쇼스트롬Victor Sjöström의 〈바람〉The Wind에서는 한 여인이 아리조나에 와서 거대한 바람과 맞서 싸우고 주변 사람들과 갈등하면서 자신의 환경을 극복해 나간다(사진 1).[12] 또 플레허티Robert Flaherty의 다큐멘터리 〈북극의 나누크〉Nanook of the North에서 에스키모는 북극이라는 환경이 주는 혹독한 시련을 여러 가지 생존 활동으로 극복하고 살아간다(사진 2).[13] 또 비더King Vidor의 〈군중〉The Crowd에서는 뉴욕의 대도시라고 하는 동질적이고 획일화된 만장일치의 환경에서 소외된 군중들이 각자의 무기력한 투쟁으로 살아가는 장면들이 나온다(사진 3). 단체로 포크댄스를 추듯이 직장에서 똑같은 무늬를 자아내며 월급봉투에서 힘을 얻는 일상, 쇼핑, 연애, 결혼, 파티, 휴가를 즐기는 대다수 개인의 평균적 삶이 마치 그들의 꿈

사진 4. 존 포드의 영화에는 거대한 환경과 그 안에서 집단을 이루어 환경에 맞서 투쟁하는 인간 무리가 나온다. 영화는 환경과 인물들, 실외와 실내, 집단과 개인, 윤리와 욕망 등을 번갈아 보여주며 마치 유기체가 호흡을 하듯이 전진해 간다.

인 것처럼 제시된다. 이들은 겉으로는 행복해 보이지만 한결같이 반복된 삶 속에서 더 나아질 것 없는 공허와 권태에 사로잡혀 있다. 결국 이들의 삶은 거짓된 것이며, 다수의 집단에도 불구하고 개인 혼자만이 남겨진다.14 또 존 포드John Ford의 작품들에서는 카우보이들, 광부들, 몰몬교도들이 토대 공동체를 형성하여 자신들을 둘러싼 외부 세력과 싸워가며 집단을 꾸려나가는 과정이 그려진다(사진 4). 이들은 모두가 개인을 포괄하는 환경이나 상황 속에서 그 환경과 싸우거나, 다른 집단이나 개인과 대결 국면으로 살아가면서 자신들의 환경을 바꾸어간다. 한 무리가 거대한 강을 건너는 장면이나, 인디언으로부터 벗어나기 위해 기나긴 긴장 속에서 이동하는 장면이나, 광산산업의 몰락으로 인해 생계를 위해 투쟁하는 광부들의 드라마가 그 예이다. 이러한 투쟁적인 구도는 대립하는 집단의 정당성을 필요로 하기 때문에, 존 포드의 작품들은 도덕적이며, 때로는 청교도적 과업에 비견되는 윤리를 내포한다. 또한 그의 작품에는 집단이 마치 가족처럼 제시되어, 미국 특유의 집단주의를 잘 반영한다. 아버지로 대표되는 지도자, 그를 따르는 선량한 대중, 그리고 이들과 합류하게 된 이방인들은 갈등하고 조화하면서 약속의 땅과 이상사회를 암시하는 특정 목적지를 향해 나아간다. 미국의 초기 서부영화가 큰 형식을 구사한 것은 대평원과 대륙이라는 미국적 환경에 기인한 바가 클 것이다.

들뢰즈는 큰 형식의 유기적 재현을 가장 잘 보여준 감독으로 존 포드를 들고 있다. 그의 영화들은 이완과 수축을 반복하는 유기체의 큰 호흡을 닮아 서사시적이다. 인물들은 모였다가 흩어지고 또 모였다가 흩어지면서 영화 전체에 거대한 리듬을 부여한다. 또 행동을 하는 자들과 이들을 둘러싼 환경 혹은 공동체가 상호 긴밀히 연결되어, 실내에서 일어나는 대화나 행위가 나온 후에 이들을 둘러싼 외부의 환경 전체가 나오고, 다시 이 과정이 반복되면서 영화 전체는 거대한 동물이 호흡을 하듯이 수축과 이완을 계속한다. 그래서 인물들의 행동이나 대사는 모두가 국가, 공동체, 나아가 미국 전체의 행동과 유기적으로 묶여 있다. 이것이 유기적 재현을 이루는 큰 형식이다. 유기적 재현에서는 주로 기초집단으로 이루어진 민족이나 국가의 재건과 건설에 관한 알레고리적 거대서사가 지배한다.(〈나의 계곡은 푸르렀네〉 How Green was My Valley 에서의 광부들과 그 공동체,[15] 개척 서부의 축소판과도 같은 〈웨곤 마스터〉 Wagon Master에서 몰몬교도와 카우보이들이 약속의 땅을 찾아가는 가운데 겪는 인종 및 다양한 갈등, 〈역마차〉 Stagecoach [16]에서 같은 목적지를 가는 무리들의 윤리적 갈등과 해결 등). 이들 집단은 처한 위치와 내부 관습에 의해 각 구성원들이 잘 규정되어 있어 계급, 역할, 정체성이 뚜렷하다(아버지, 아내, 지도자, 매춘부, 의사 등). 또 이들은 하나의 공동체를 이루는 요소들로 성격만 다를 뿐 동질적이며 공동체 테두리 내부의 이데올로기를 공유하는 전체화된 집단이다. 더욱이 이 집단은 환경(자연, 인디언, 악으로서의 외부세력)에 맞서기 위해 그에 필적할 만한 역량을 가진 영웅이나 상황을 변화시킬 수 있는 지도자를 따른다.[17] 그 영웅-주인공은 주어진 상황을 해결하기 위해 지도자의 도덕적 힘, 포용력, 결단 같은 역량을 발휘하여 공동체의 운명과 환경 사이에 놓인 거대한 간극을 메운다. 자신이 처한 상황(주로 시련)에 맞설 수 있도록 그에 버금가는 힘을 현실화하여, 윤리적이고 합법적인 형태의 "선한" 집단을 이끌어 가야만 하는 것이다. 이로써 영웅-주인공은 대체로 환경 전체에 맞서 가족을 지키는 거룩하고도 태산 같은 백인 아버지의 이미지로 제시된다. 이렇게 유기적 형식은 미국적 환경에서 개척자들이 겪지 않을 수 없는 시련의 리얼리즘을 재현한다.[18]

큰 형식에는 행동에 의해 새로운 상황을 여는 도식(S-A-S')만 있는 것이 아니라 여러 가지 변체가 있다. 가령 행동이 새로운 상황을 여는 대신에 이전 상황으로 다시 되돌아가는 도식이 있다(S-A-S). 앞서 언급했던 〈북극의 나누크〉에서 에스키모인들의 생존이나 〈군중〉에서 대도시 군중의 반복된 행동도식이 이에 해당한다. 마찬가지로 존 포드의 영화에 등장하는 영웅주의적 비전도 어떤 점에서는 이 도식에 속한다고 할 수 있다. 거기서 집단을 이끄는 영웅은 새로운 환경을 열기보다는 혼란한 상황을 바로잡아 공동체를 재건하는 것에 만족하기 때문이다. 새로운 문제를 제기하기보다는 주어진 문제를 푸는 과정이 이 도식의 특징이며, 이를 들뢰즈는 "순환적 영웅주의"라고 불렀다. 그러나 이 외에 더 나쁜 상황으로 추락하는 도식(S-A-S")도 있다. 주로 형사물이나 범죄 느와르의 형태로 제시되는 이 도식은 개인이나 집단의 낮은 쪽으로의 타락, 나선형의 아래쪽으로의 타락을 나타낸다. 하워드 혹스Howard Hawks의 인물들로부터 종종 발견되는 알코올 중독이 그 예이다. 그의 서부극에 나오는 보안관처럼 간혹 재기를 위한 투쟁이 내러티브를 이루고 있기는 하지만, 이 도식에서는 습관적인 행동이 더욱 더 나쁜 쪽으로 타락하는 상황을 연다. 이것이 필름 느와르를 이룬다. 그러나 느와르에서 타락은 표현주의 영화에서 볼 수 있는 정신병적 어둠의 심연(흡혈귀, 몽유병 등)으로의 타락이나, 자연주의 영화에서 볼 수 있는 엔트로피 상태로의 충동적 곤두박질(도착적 폭력)은 아니다.[19] 미국적 리얼리즘에서 타락은 환경-행동이나 상황-행위의 도식 속에 갇혀버리는 것이다. 그래서 영화는 정감을 표현하지도 않고, 충동의 인상을 드러내지도 않는다. 그것은 단지 병리적 환경과 그 상황에 빠진 인물의 행동장애를 재현할 뿐이다. 이러한 경향은 이미 미국문학에서 하나의 전통을 이루고 있다고 들뢰즈는 지적한다. 가령 피츠제럴드Francis Scott Key Fitzgerald나 런던Jack London의 인물들은 습관적인 알코올 중독에 빠져 있지만, 그것은 이들의 도착적 충동이 아니라 사회적 병리를 반영한다. 공허한 만장일치 환경 속에서 인물들은 부적절하거나 지나친 행동으로 인해 타락을 하게 되고, 더 이상 자신들의 단편적인 행동들을 조직화할 힘도 의욕도 없게 된다. 이것이 술집의 세계, 당구의 세계, 나아가 범죄의 세계를 이룬다.[20]

들뢰즈는 행동-이미지의 유기적 편집 법칙을 다섯 가지로 분류한다. 첫 번째는 유기적 재현의 기본 구조인 이항, 즉 평행교

사진 5. 몽타주에 의해 간접적으로만 제시되었던 사자우리 상황이 하나의 쇼트 내에 사자와 채플린을 동시적으로 보여줌으로써 현실적으로 정당화되었다.

차편집이다. 상황이나 환경은 잠재적으로만 퍼져 있다가 이들을 현실화해 줄 두 세력이 등장하여 대결구도를 이루어, 하늘과 땅, 개인과 집단, 인물들을 중심으로 주변과 전체가 적대적으로 휘어진다. 이 두 세력의 평행교차편집에 의해 행동-이미지가 구성되는 것이다. 가령, 존 포드의 〈역마차〉에서는 잠재적 악의 세력인 인디언 제로니모의 침입이 기병대의 정보에 의해 보고되고, 기병대는 제로니모의 습격에 노출된 역마차를 보호하기 위해 로즈버그로 출격한다. 한편 마을에서는 역마차가 로즈버그로 떠날 채비를 하면서 여러 계층의 사람들이 역마차로 모여든다. 이 세력들은 처음에는 전혀 무관한 것처럼 잠재적 상황의 전조를 드리우며 번갈아가며 길게 평행 교차편집되어 등장한다.

두 번째로 수렴교차편집이 있다. 잠재적으로 깔려 있는 분위기와 상황 속에 두 개의 지점이 특정되면서 계열이 생기고, 이것은 행동-이미지의 수축으로 이어진다. 두 특정 세력의 대립이 두드러지면서 이들의 행동이 상호 교차하여 일어나고, 이 대립은 점차 빠르게 교차편집되어 대립의 궁극적인 지점인 결투를 향해 달려간다. 가령, 마지막에 넓은 들판에서의 세력들의 빠른 추격전은 그동안 지속되었던 잠재적 대립이 점차로 수축되어 현실화되는 이미지라고 할 수 있다.

세 번째로는 행동에서 간격의 수축이다. 수축의 극단에 이르면 행동-이미지의 동시성이 지켜져야 할 것이다. 왜냐하면 교차편집에 의해 잠재적으로만 암시되었던 대결이 현실적이기 위해

사진 6. 프리츠 랑의 〈엠〉에서는 연쇄살인범을 검거하려는 경찰과 살인범의 대결이 있고, 경찰의 단속으로 생계에 위협을 느낀 도둑들과 경찰의 대결, 그리고 살인범을 직접 잡아 처형하려는 도둑들과 살인범의 대결이 있다.

서는 대립하는 세력들의 동시적 현존이 제시되어야 하기 때문이다. 여기서 앙드레 바쟁André Bazin의 그 유명한 "몽타주 금지의 법칙"이 나온다. 편집이 아무리 허용된다고 해도 "사건의 본질은 둘 이상의 행위를 동시적으로 제시할 것을 요구"한다.(바쟁, 『영화란 무엇인가?』, 82~85쪽) 그렇기 때문에 찰리 채플린Charlie Chaplin의 〈서커스〉Circus에서 찰리와 사자는 한 우리 속에 즉 하나의 프레임으로 제시되어야 하고(사진 5), 플레허티의 〈북극의 나누크〉에서 에스키모와 바다표범은 하나의 시퀀스 내에서 실제로 대면을 해야 하는 것이다.

네 번째는 대결의 열장이음dovetailing식 끼워 넣기이다. 유기적 편집에서 대결이 반드시 이원적으로 명확하게 배치되는 것은 아니다. 어떤 대결 속에 다른 대결들이 삽입되어 다항적이 되고, 이미지 전체는 다원론적으로 흩어진다. 이항적 대결의 전형적인 장르인 서부극에서조차 경계가 명확하지 않아, 카우보이와 악당의 대결이 인디언과의 대결로 다원화되기도 하고, 〈역마차〉에서는 인디언과 역마차의 대결인지 아니면 기병대와의 대결인지 구분하기가 어려워진다. 현대물의 경우도 마찬가지인데, 예컨대 프리츠 랑의 〈엠〉M에서 실현된 대결이 연쇄살인범과 경찰의 대결인지, 아니면 범인과 도둑무리와의 대결인지, 아니면 도둑무리와 경찰의 대결인지 역시 명확치가 않다(사진 6).

다섯 번째 법칙은 거대간극의 법칙이다. 포괄자로서의 환경과 주인공, 상황과 그것을 변화시키는 행동 사이에는 커다란 간극

사진 7. 루비치의 〈삶의 설계〉에서는 한 인물이 자리를 비운 사이 자신의 애인과 친구가 밤을 지새운 것을 의심하지만, 이들의 복장과 식탁의 물건들이 놓인 위치 등을 통해 그들 사이에 애정관계는 없었음을 추론하는 추론-이미지의 예가 나온다.

이 존재한다. 이 간극은 영화 전체의 지속을 통해 점진적으로 다리가 놓인다. 가령 멀리 떨어져 그 대립이 암시만 되는 두 세력은 수축된 행동-이미지에서 대면하기 전에 느리고도 지루한 전주곡이나 신경전과도 같은 망설임을 거친다. 환경과 개인, 상황과 행동의 간극을 메우는 방식에 따라 집단의 형성과 테크놀로지의 운용의 차이가 결정된다. 거대한 간극의 망설임이나 전주곡이 없이 곧바로 대결적인 상황으로 돌입하는 경우가 있긴 하다. 갑자기 눈덩이가 덮친다든가, 인물이 넘어진다든가 하는 상황이 그것이다. 그러나 이것은 코미디 익살극에 불과하다.

2. 작은 형식 혹은 기능주의적 재현

작은 형식은 행동에서 상황으로 이어지는 A-S-A의 도식이 말해 주듯이, 행동이 어떠한 상황을 열거나, 상황의 일부분 또는 한 측면을 드러내고, 다시 새로운 행동이 일어나는 구도이다. 여기서 행동은 큰 형식처럼 특정한 계획에 의해 혹은 목적에 의해 이루어지지 않는다. 큰 형식에서는 언제나 포괄자로서 환경이나 상황이 주어지고 행동에 의해 이 포괄자가 변조되었다. 애리조나의 바람과 싸우는 카우보이들, 대도시의 군중들, 광부집단 모두가 포괄적 환경이나 집단 또는 상황 속에서 그 환경과 싸우거나 다른 집단, 다른 개인과 대결을 한다. 그러는 가운데 행동은 포괄자와

사진 8. 히치콕의 페르소나 제임스 스튜어트가 주시하는 외화면
은 불안과 서스펜스를 극대화하는 추론-이미지이다.

유기적으로 연결되고 행동 자체가 포괄자의 한 요소처럼 종속되어 특정한 목적을 수행하는 과정으로 보인다. 그러나 작은 형식에서는 포괄자가 주어지지 않기 때문에 행동은 비교적 맹목적이거나 무작위적인 것이 되고, 상황도 뚜렷이 제시되기보다는 모호하게 암시적으로만 나온다. 이제 행동은 상황을 펼치기보다는 암시하거나 추측하게 한다. 행동에서 다른 행동으로 이행하는 가운데, 점차 상황이 드러나고 변해가면서 결과로서 상황 전체가 분명해지는 것이다. 들뢰즈가 제시한 한 예로, 채플린의 〈여론〉Public Opinion에서는 여주인공이 전에 없던 옷차림과 몸가짐으로 등장한다. 이러한 행동은 그녀가 부유한 남자의 정부가 된 공백기를 암시한다. 혹은 얼굴 위로 지나가는 불빛(혹은 소리)만으로도 지나가는 기차를 유추할 수 있다.

작은 행동이 상황 전체를 반영하는 이러한 작은 형식의 행동-이미지는, 예컨대 형사들이 작은 실마리를 가지고 범인을 유추하는 가추법syllogism의 기호학적 근간이 된다. 기호학에서는 유추 혹은 인과적 관계를 보여주는 기호를 "지표"index라고 부른다. 가령 연기를 보면 산불이 유추되고, 꼬르륵 소리가 허기를 지시하는 식이다. 기호로서의 지표는 공간이 무대로 한정되어 있는 연극이라든가, 비용으로 인해 재현에 제약을 받는 저예산 영화들 속에서 자주 발견되는데, 작은 소품 하나만으로도 유추와 암시를 통해 공간과 시대 전체를 환기할 수 있기 때문이다. 이 밖에도 작은 형식의 행동-이미지를 구성하는 다양한 지표들이 있다 : 사람들의 표정만으로도 추측할 수 있는 에로틱한 상황, 서랍장에서 떨어진 손수건 하나로 드러나는 내연관계 등. 루비치Ernst Lubitsch의 〈삶의 설계〉Design for Living는 한 여자와 두 남자의 삼각관계를 보여주는데, 한 남자가 턱시도를 입고 이른 아침에 여자와 있는 것을 보고 함께 밤을 샌 것을 눈치 챈다. 그러나 그의 턱시도 정장은 둘 사이가 아주 친밀한 것은 아님을 암시한다(사진 7). 이것이 바로 "추론-이미지"reasoning-image이다. 즉 주어지지 않은 상황이 행동에 의해 밝혀지거나, 추론이나 추측을 통해 현재화되는 것이다. 히치콕Alfred Hitchcock의 스릴러에서 제임스 스튜어트James Stuart의 불안과 전율의 눈빛이 항상 지시하고 있는 것처럼(사진 8), 외화면 offscreen 영역은 추리영화뿐만 아니라 작은 형식의 행동-이미지가 본질적으로 가지는 화용론적 토대이다.

작은 형식에는 큰 형식과 비교하여 몇 가지 특징이 있다.

① 큰 형식은 환경이나 상황 전체의 수준에서 일어나기 때문에, 작은 행위까지도 공동체나 상황 전체와 유기적으로 관련된다는 점에서 포괄적이라면,21 작은 형식은 특정 행위에서 비롯되어 행위로 끝난다는 점에서 지엽적이다. 포괄자가 생략되어 있기 때문에, 미리 결정된 맥락에 종속된 행동이 아니다. 가령, 하워드 혹스의 〈엘도라도〉에서는 영화의 시작부터 대평원이나 공동체 전체가 아니라 조그만 마을의 술집이나 길거리에서 걸어가는 보안관이 등장한다. 사건의 개요는 나중에 그가 들어간 술집에서 친구와의 대화를 통해 그리고 인물들의 관계들을 통해 서서히 드러난

다. 같은 맥락에서 들뢰즈는 범죄물과 형사물을 구분한다. 범죄물이 사회적 계급이나 세력이 중심이 된 포괄자의 구도 속에서 인물들의 대결(형사와 범죄자, 범죄자들, 갱과 개인 등)을 구현한다면, 탐정물(형사물)은 인물이 개인적인 의뢰를 받아 행동을 하게 되어 점차 음모와 상황 전체를 파악해 가는 과정을 밟는다. 하워드 혹스의 〈빅 슬립〉Big Sleep과 존 휴스턴John Houston의 〈말테의 매〉The Maltese Falcon가 좋은 예이다.

② 큰 형식은 큰 원에서 작은 점으로 수축되기 때문에 나선형 혹은 모래시계 형이라면, 작은 형식은 수축된 행동에서 큰 원으로 갔다가 다시 행동으로 가기 때문에 세워놓은 타원형 혹은 달걀형이다. 존 포드의 〈역마차〉, 〈나의 계곡은 푸르렀네〉, 프리츠 랑의 〈엠〉은 넓은 영역에서 잠재적으로 분포되어 있던 세력들이 점차 대결적 상황으로 치달으며 수축되어가는 큰 형식의 행동-이미지를 취하는 반면에, 하워드 혹스나 채플린의 영화는 한 인물의 행위로 인해 상황 전체가 열리는 작은 형식의 행동-이미지이다. 가령, 채플린의 〈모던 타임즈〉Modern Times에서는 공장에서 나사를 돌리는 찰리의 사소한 일탈적 행위들로 인해 공장의 상황 전체에

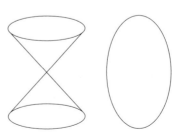

사진 9. 큰 형식은 포괄적인 환경에서 이항적 대립에 의해 두 계열이 대결적 지점으로 수축하는 구조를 가지기 때문에 모래시계 모양이고, 작은 형식은 작은 행동에 의해 전체 상황으로 넓어진다는 점에서 타원형이다.

교란이 일어난다. 이 교란으로 인해 회사는 그를 정신병원으로 보내게 되고, 이 작은 사건은 공장 전체 나아가 산업사회 전체의 병리적 메커니즘을 포괄자로서 드러내게 된다. 이러한 구조는 다른 에피소드에서도 계속되어, 떨어진 깃발을 되돌려주기 위해 깃발을 흔든 찰리가 시위대의 주동자로 오해받아 감옥에 간다든가, 위치가 잘못된 망치질로 인해 선박 전체가 물에 떠내려가는 식이다. 이렇게 작은 형식은 작은 점에서 상황 전체로 이행하는 세워진 타원형의 구조를 이룬다(사진 9).

③ 큰 형식은 큰 틀에서 이원적으로 수축하기 때문에 구조적이다. 공동체, 인물집단, 환경은 대립하는 두 세력 혹은 다원화된 세력들이 이원적으로 상관항을 이루는 가운데 거대서사의 행동 구조를 이룬다. 인물의 행동이든 전체적인 내러티브든, 심지어 작은 소품조차도 이 구조의 요소로서 미리 결정된 기능을 가진다. 킹 비더의 사회 심리극에서처럼 사회 전체 혹은 인간 전체의 심리가 개인 속에 반영되어 있는 식이다. 반면에 작은 형식은 행동들의 연쇄를 통해 상황 전체가 분절하기 때문에 구조보다는 사건 중심으로 구성되어 단발적인 행위와 사건들로 이루어진 에피소드가 된다. 채플린의 익살 코미디는 물론이고, 샘 페킨파Sam Peckinpah의 〈와일드 번치〉Wild Bunch에서는 행동의 전체 구조가 주어지지 않은 채 악당-주인공들이 이동하는 공간에서 벌어지는 싸움의 결과에 따라 새로운 공간과 상황이 펼쳐지고, 이러한 과정은 영화 전반에 걸쳐 무작위로 일어나 마치 여러 개의 매듭으로 묶인 밧줄

의 행렬처럼 보인다. 하워드 혹스의 〈리오 로보〉나 〈엘도라도〉 혹은 〈리오 브라보〉역시 인물들이 거처하는 실내 공간에 따라 사건과 상황이 펼쳐지면서, 전체 구조와는 무관하게 하나씩 엮여 가는 매듭처럼 연쇄를 이룬다. 가령 〈엘도라도〉에서는 영화가 진행되면서 존 웨인이 차례로 여러 인물들을 만나는데, 이를 통해서는 전체 서사가 무엇인지 제시되지 않는다. 차례로 만나는 인물들과 엮여 단발적인 사건이 일어나지만, 그 사건이 지속되어 전체 서사에 큰 영향을 끼치지 않는 것이다. 술집에서의 싸움, 떠돌이와의 동맹, 다시 다른 싸움, 다시 동맹과 같은 일련의 행동과 상황이 전체적인 구조 없이 마치 로드무비처럼 연쇄를 이룰 뿐이다. 예측할 수 없는 서사의 이행 속에서 영화 전체는 일종의 사건의 다발이 되어간다.

④ 큰 형식은 언제나 이원구조이며 대립적이다. 따라서 선/악, 아군/적군 등의 대립에서 윤리적으로 승리하는 문제, 그리고 행동이 이미지와 서사 전체의 관점에서 정당화되는 문제가 중요해진다. 한 마디로 큰 형식은 윤리적이다. 반면에 작은 형식은 코미디적이다. 전체의 수준과는 무관하게 실수나 오해 또는 상황의 필요에 의한 행동들의 뒤엉킴이 사건을 만들고, 그 행동들 또한 지속적이거나 윤리적인 동기를 가지기보다는 단발적이고 기능적인 것에 머문다. 하워드 혹스의 서부극이나 코미디, 샘 페킨파나 아서 펜Arthur Penn의 네오웨스턴neo-western, 그리고 채플린의 익살극에서 인물들의 행동을 사로잡고 있는 것은 윤리적 정당성이나 명

분이 아니라 순수하게 실용주의적 기능성이다. 이런 경우 의상이
나 소품조차도 시대 전체를 환기하고 반영하는 역사극과는 달리
행위의 도구로서 사건을 만들어가는 요인이 된다. 예컨대 채플린
의 〈모던 타임즈〉에서 찰리가 스패너를 들고 쫓아다니는 여직원
이나 중년부인의 옷에 달린 커다란 단추는 시대를 반영하기 위한
기호가 아니라 순수하게 코미디적인 하나의 기능이다(사진 10).

⑤ 큰 형식에는 멀리 떨어진 두 세력이나 집단의 거대한 대
결이 있기 전에 폭풍전야와도 같은 예비적 행동이나 망설임들이
있다. 그것은 여기저기서 일어나는 병발적인 상황들을 평행교차
편집을 통해 서서히 제시하면서 점점 하나의 점으로 수축하고 수
렴해 간다. 반면에 작은 형식에서는 매순간의 상황에 대처하기 위
한 짧은 망설임들이 산발적으로 일어나 행동들 사이에 작은 간격

사진 10. 공장에서 나사를 조이는
일 때문에 미쳐버린 찰리가 여인
들의 옷에 달린 단추를 나사로 착
각하여 쫓아다닌다.

들이 채워진다. 따라서 작은 형식에는 하나의 거대한 담론적 행위와 간극이 아니라 행위와 결과의 다수의 반복이 일어난다. 큰 형식이 행동의 "전체화" 과정을 따른다면 작은 형식은 행동의 "조직화" 과정을 따른다.

이와 같이 고전적인 리얼리즘 이미지가 점차 현대적인 이미지로 변형되는 가운데, 작은 형식을 가장 잘 보여주는 감독은 많은 부분에서 존 포드와 대립을 이루고 있는 하워드 혹스라고 말할 수 있을 것이다. 들뢰즈는 작은 형식의 전형적인 예로 하워드 혹스의 기능주의를 들면서, 그 특징을 몇 가지로 일별한다.

① 인물들을 둘러싼 장소들이 유기적 생명력을 잃어버렸다. 가령 〈리오 브라보〉Rio Bravo에서 감옥은 본래의 감옥이 아니라 주인공들을 엄폐하는 장소로 기능화된다. 또 〈엘도라도〉에서 보안관은 술에 취해 감옥에서 잠을 자고, 목욕을 하고, 철창 안에는 죄수조차 없다. 또 버려진 교회는 총싸움의 참호로 기능할 뿐 온전한 교회로서의 장소가 아니다. 혹스의 작품에 나오는 평원과 선인장, 집, 건물, 창문, 계단 모두가 행동이 일어나는 포괄자로서의 환경이 아니라 숨거나 엄폐하는 기능을 갖게 된다(사진 11).

② 집단의 형태에 있어서도 윤리적으로 동질적인 선에 기반을 둔 기초집단(선을 대변하는 몰몬교도나 법을 대변하는 백인집단 혹은 개척자나 광부 공동체와 같은)이 아니라 그럭저럭 팀워크가 맞는 임시변통의 기능적 집단(알코올중독자, 노인, 애송이, 총

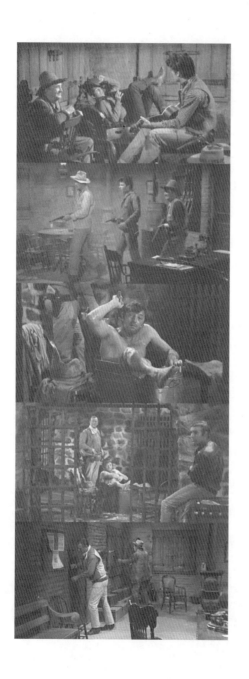

사진 11. 하워드 혹스의 영화에서 감옥이나 교회는 그 고유한 유기적 기능을 잃어버리고, 상황에 대처하기 위한 임시방편적인 기능이 된다. 이로써 공간 안에서의 인물들의 행동은 코미디적이다.

잡이 등)이 행동-이미지를 주도한다. 보안관이 알코올중독자이고, 사기꾼이나 도박꾼이 가담하여 협업을 통해 악당에 맞서고, 보안관을 도와주는 부관 역시 체계화된 공무원이 아니라 노인이나 떠돌이 등 임시비정규직이다. 더 이상 윤리적, 도덕직, 혈통 등에 의해 집단이 형성되지 않는 것이다. 따라서 지속적이지도 않고, 운명적이지도 않으며, 유기적인 토대를 잃고 우연적으로 맞닥뜨린 필요에 기반을 두어 유대가 형성된다. 빚을 갚기 위해 협력을 해 주거나, 갈 곳이 없어 머물다가 어울리거나, 실수로 어쩌다가, 친구의 복수 때문에, 악당에 대한 분노 때문에, 타락의 내리막길에서 재기를 위해, 친구와의 우정 때문에 서로 모여드는 것이다. 이들의 유대는 우정이나 동지애에 기반을 둔다.

③ 전쟁 수단 역시 집단의 세력이나 전략이 아니라 필요에 따른 임기응변과 도구의 땜질로 대체된다. 임시방편 투석기, 결투 중 우연히 발견한 다이너마이트, 고안된 기계, 임시초소로 변용된 감옥, 통나무 교통수단, 수많은 적을 방어하기 위한 소수의 기발한 생각들이 그것이다. 집단의 세력과 윤리적 정당성이 권력과 동일시되던 존 포드의 광부들이나 카우보이의 집단성과는 전혀 다르게, 협업을 통한 임시변통의 발명이 집단성을 이끄는 것이다. 그래서 총싸움이나 대결 역시 미리 짜인 계획 하에 벌어지는 예고된 결투나 대규모로 일어나는 전쟁의 형태가 아니라 갑작스러운 침입과 해산이 반복되는 게릴라전의 형식으로 일어난다.

④ 밀실과 같은 폐쇄적이고 협소한 공간이 영화 전체를 지배

한다. 혹스의 영화를 흔히 "밀실 서부극"chamber western이라고 부르는데, 시트콤의 분위기가 느껴질 정도로 대부분의 사건은 실내에서 이루어진다. 따라서 존 포드의 영화에 많이 등장하여 눈을 압도하는 하늘이나 대평원의 이미지는 접할 수 없다. 카우보이들의 소품이 장면조차 협곡이나 숲에 국한될 뿐, 이들을 감싸는 공기호로서의 대평원이나 하늘은 찾기가 어려우며, 행동으로부터 유추된 지표가 공기호를 대체한다. 주변을 둘러싼 포괄자로서의 환경 개념이 사라지는 것이다. 공간을 구현하는 화면의 리듬 역시 차이가 있다. 존 포드의 화면에서는 대자연과 마을, 외부공간과 실내 공간이 유기적으로 교차하지만, 혹스의 화면에서는 마을에서 마을로 혹은 실내에서 실내로 연쇄적이다. 이렇게 외부에 의해 포괄된 공간이 아니라 외부로부터 폐쇄되고 단절되거나 외부와 접선을 이루는 탄젠트 공간 내에서 행동하는 인물들은 포괄자에 의해 포괄되지 않는 고립된 미아처럼 보인다.

⑤ 혹스의 밀실 선호증으로 인해 외부와 내부의 유기적 소통이 사라지고 그 관계도 역전된다. 실내에서 모든 흥미로운 사건이 나와야 하기 때문에, 예기치 못한 사건이 벌어지는 곳은 외부가 아니라 내부가 된다. 총싸움이 일어나는 곳은 대로변이나 평원이 아니라 감방이나 술집 안이다. 사람들이 모여들어 회합과 음모가 사건으로 발전하는 곳 역시 외부가 아니라 주로 실내이다. 오히려 내부가 공공장소처럼 기능을 하면서, 외부로 둘러싸인 것이 아니라 외부와 접면을 이루고 있다(사진 12).

사진 12. 하워드 혹스의 영화에서 실외는 실내의 유기적으로 연결된 포괄자
가 아니라 비유기적으로 접면을 이룬다. 인물들은 하나의 방에서 다른 방으
로 드나들 듯이 실내와 실외를 오고간다.

⑥ 서부극뿐만 아니라 코미디 — 스크루볼 코미디Screwball Comedy 라고 흔히 알려진 — 에도 혹스 특유의 전도 메커니즘이 있다. 남녀의 역할이나 지위 혹은 성격이 뒤바뀌고, 어린이와 어른의 아비투스habitus 22가 뒤섞이고 전도되어 고유의 사회적 위상을 나타내는 구분과 경계가 모호해진다. 가령 〈아이 양육〉Bringing Up Baby에서는 여자가 남자처럼 저돌적이고 개구쟁이이며, 남자는 오히려 의기소침하여 여자를 피해 도망 다닌다. 심지어는 남자가 여장을 하기도 한다. 〈나는 전쟁 신부〉I Was a Male War Bride에서는 국적이 다른 두 남녀 군인이 결혼을 했지만, 이민법상 함께 살 수가 없게 되자, 법적으로 배우자의 성별을 구분하지 않는다는 점을 이용하여 남자가 아내가 되어 여행을 다니게 된다. 〈신사는 금발을 좋아해〉Gentlemen Prefer Blondes에서는 남자가 소심하고 내성적이고 연약해서 쇼걸인 여자에게 응석을 부린다. 또 세계여행을 다니는 한 꼬마아이는 어른처럼 말하고, 종업원들은 그를 미스터라고 대우해 준다.(사진 13) 이러한 전도 메커니즘은 모든 기능과 행동 그리고 역할을 분배하는 통일적 일자로서의 포괄자가 배제된 작은 형식에서 주로 보게 되는 특징이다.

작은 형식의 이러한 경향은 고전적인 장르에서 나타날 뿐 아니라 보다 현대적인 형식으로 변형되기도 한다. 들뢰즈는 1960년대 이후에 등장한 네오웨스턴이 이러한 혹스의 기능주의를 계승하면서, 더욱 더 직접적으로 작은 형식을 가져왔다고 지적한다.23 그들은 대형화면에도 이러한 작은 형식을 도입하여, 먼 거리에서

사진 13. 하워드 혹스의 인물들은 남녀의 사회적 역할이 뒤바뀌거나 여장을 한 남자가 등장하기도 하고 어른처럼 행동하는 어린이가 나오기도 한다.

일어나는 커다란 나선형의 구조를 가까운 거리에서의 단발적 행동과 축약된 사건들로 대체했다는 것이다.

> 폭력이 주요 추동력이 되고, 이로부터 나오는 강도가 예측불허의 상황만큼이나 대단하다. 보에티처Budd Boetticher의 〈세미놀〉Seminole에서,24 사람들은 늪지대에 숨은 보이지 않는 적의 공격으로 죽는다. 근본집단은 점점 우연적으로 뒤섞여 가는 변통집단으로 대체되어 사라졌을 뿐 아니라, 그 변통집단도, 혹스의 경우에는 어느 정도 출신이나 태생이 구별되었는데, 이제는 그조차 분명한 구분이 없어진다 : 아주 많은 관계들과 복잡한 동맹들이 같은 집단 내의 인간들 사이에 발생하고, 서로 다른 집단들의 인간들 사이에 발생한다. …… 그 대립관계 역시 끊임없이 변한다(샘 페킨파의 〈메이저 던디〉와 〈와일드 번치〉).25 사냥꾼과 사냥대상의 차이, 백인과 인디언의 차이가 점점 적어진다. …… 아서 펜의 〈작은 거인〉Little Big Man)에서,26 주인공은 백인과 함께할 때는 백인으로, 인디언과 있으면 인디언으로, 양쪽 방향에서, 서로 거의 구분이 되지 않는 행동으로 양쪽의 미세한 경계를 넘나든다.(Deleuze, *Cinema 1*, 166~167)

따라서 지속적인 것은 어디에도 없으며 나중에 거대한 결말이 될 만한 잠재적 축적 역시 존재하지 않는다. 큰 형식에서는 작은 행동이나 사건들이 결말을 위해 존재하면서 서서히 축적되는 과정을 밟았지만, 이제 그러한 축적은 존재하지 않는다. 주인공의 좌절, 의심, 공포, 그리고 그의 발걸음은 더 이상 유기적 재현에서의 그것이 아니다. 그는 공동체나 국가의 수준에서 겪게 되는 전체 상황의 요구에 부응하거나, 위대한 행동의 전조가 되는 그러한 거대서사의 발걸음을 내딛지 않는다. 주인공의 행동은 더 이상 웅장하고 숭고한 행동이 아니며, 그는 다른 '낙오자들' 중 하나일 뿐이다. 가령 〈와일드 번치〉에 등장하는 악당들은 일확천금을 벌어 은퇴하고 싶어 한다. 이 악당을 잡기 위해 쫓아다니는 무리들 역시 선과 법을 대변하는 보안관이 아니라 경찰에 붙잡혀서 끄나풀이 된 동료악당이다. 이들은 카우보이도 아니며 총잡이도 아니다. 단지 살기 위해 발버둥을 쳐가며 지리멸렬이 되어가는 좀도둑이나 사기꾼들일 뿐이다(사진 14).

> 페킨파가 말하듯이 : '그들은 풍채도 없고, 한 가지 환상도 남아 있지 않다. 그래서 그들은 희망 없는 무심한 모험을 대변한다. 거기서 얻는 것이라곤 목숨을 부지하고 있다는 순수한 만족 외에는 아무것도 없다. 그들에게는 더 이상 미국식 꿈도 없다.(같은 책, 167~168)

전통 서부극의 유기적 재현에서 인물들은 멀리 떨어진 적이나 집단과 대립을 이루며, 언제 싸울지 혹은 어디서 싸울지를 망설이며 상황 전체의 수준에서 계획을 한다. 이때의 망설임은 언젠가는 채워져야 할 책임 있는 망설임, 즉 주어진 상황에 따라 정해진 길을 가야 할 망설임이다. 그러나 작은 형식에서는 매 순간의

사진 14. 페킨파의 〈와일드 번치〉에는 고전 서부극에서와 같은 영웅은 존재하지 않는다. 모두가 일확천금을 노리고 약탈하거나 밀거래를 하는 악당들이다.

상황이 모호하고 연결고리가 생략되어 구멍이 있다. 그래서 매 순간 망설임을 겪어야 하고, 그 빈 구멍은 채워질지조차 명확히 결정하기가 어렵다. 시시각각의 임기응변과 창조적인 망설임이 필요해지는 것이다. 더욱이 페킨파의 영화에서는 더 이상 하나의 환경이나 하나의 서부가 존재하지 않는다. 낙타가 있는 서부, 중국인이 있는 서부, 평원, 산악지대, 사막, 밀림, 늪지, 광산 등이 같은 영화 안에서 변하고 출몰하며 제거된다. 들뢰즈는 그것이 마치 매듭이 있는 밧줄과 같이, 매번 잡을 때마다, 움직일 때마다, 매번 일어나는 사건마다, 그 자체로 꼬인다고 지적하면서, 이것을 "유기적 형식의 숨결-공간이 아니라, 뼈대-공간skeleton-space"이라고 불렀다(같은 책, 169). 매듭과 절점으로 이루어진 그물처럼, 사건이 터지면 다른 상황으로, 다시 사건이 터지면 또 다른 상황으로 변해가는 구조, 혹은 중간 중간의 매개자들이 빠져 있으며, 하나에

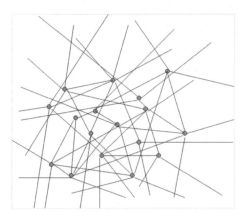

사진 15. 네오웨스턴의 작은 형식은 포괄자나 뿌리를 가지지 않는 리좀의 형태를 이룬다. 들뢰즈는 이를 "뼈대-공간"이라고 불렀다.

서 다른 하나로 건너 뛰어버리거나 직접 연락을 하는 이질적 요소들로 채워진 것이다. 행동-이미지의 큰 형식을 적절히 설명해 주는 비유어가 뿌리를 가진 "나무"tree라고 한다면, 이 작은 형식에 가장 적합한 비유어는 뿌리가 없거나 그 자체 뿌리로 이루어진 "리좀"rhizome이라고 말할 수 있다(사진 15).

들뢰즈는 힘을 현실화하여 세계를 구성하는 혹은 관념을 형성하는 두 가지 방식을 제시한다. 하나는 전체를 포괄하는 힘과의 유기적 관계를 통해 실행되는 행동성 혹은 관념이고, 다른 하나는 단발적이고 파편적인 행위가 전체의 상황을 여는 기능주의적 행동성 혹은 관념이다. 이 둘은 서로 배타적이기보다는 서로 맞물려 있으며 세계와 관념을 이루는 힘의 두 양태이다.

지속-이미지

미켈란젤로 안토니오니 (Michelangelo Antonioni, 1912~2007)

지속-이미지

프랑스의 영화평론가 바쟁은 전후戰後 이탈리아를 중심으로 일어났던 영화 유파인 네오리얼리즘1이 고전 리얼리즘과는 전혀 다른 형태의 현실을 제시한다고 지적했다. 그에 따르면 고전적 리얼리즘이 재현하고 모방한 현실은 요약된 현실 또는 해석된 현실이다.2 반면 네오리얼리즘은 예술적 재창조를 위해 현실을 '요약'하거나 '해석'하지 않고 현실을 '관찰'과 '주시'의 대상으로 놓는다.3 "현실은 더 이상 재현되거나 재생되는 것이 아니라, 주시의 대상이 된다."(Deleuze, *Cinema 2*, 1) 고전적 리얼리즘에서는 계급의 갈등, 선악의 대립, 혹은 인물들을 둘러싼 윤리적 상황과 같

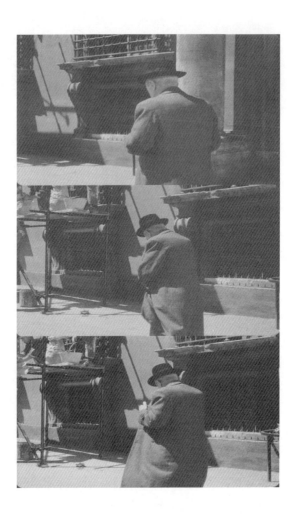

사진 1. 움베르토는 밀린 방세를 구하기 위해 이곳저곳을 헤매지만 구하지 못하고 돌아서 집을 향한다. 그의 걸음에는 단지 그의 비참한 현실뿐만 아니라 움베르토 자신의 내적 본질이 드러난다.

이 미리 결정된 주제나 행위가 제시된다. 인물이나 집단의 도덕적 가치의 대립과 갈등이라는 구도로 하나의 완결된 현실을 재현하는 초기 리얼리즘 문학들 — 디킨스Charles Dickens, 엘리엇George Eliot, 발자크Honoré de Balzac, 스탕달Stendhal 등이 좋은 예이다 — 뿐 아니라, 이미지 자체의 이항적 대립을 통해 세계 전체를 거대한 유기체의 호흡으로 재현하는 미국의 행동이미지가 그 예이다. 이들은 이미 해석된 현실, 즉 있는 그대로의 실재에 무엇인가가 덧붙여진 세계를 보여주었다. 그러나 네오리얼리즘은 해석해야 할 현실, 해석되기 이전의 날 것으로서의 현실, 연출 이전의 가공되지 않은 현실, 뚜렷한 의미와 해석이 결정되지 않고 모호한 채로 남아 있는 현실을 지향했다. 자연광을 이용하고, 비전문배우를 캐스팅하고, 즉흥적 플롯을 배제하지 않음으로써 영화에서 다큐멘터리적인 요소를 최대로 살리고자 했던 이 유파의 취향은 여기에 기인한다. 이로써 사건의 진행과 인물들의 행위는 잘 짜인 플롯이나 구조가 아니라 의도적으로 느슨하게 만들어진다.[4] 영화 전체의 분위기 역시 산만하고 부유浮游하며, 줄거리에는 구멍이 많고, 인물들의 행위는 긴박과 유기성보다는 일상적인 방황이나 배회로 채워진다. 아울러 쇼트의 길이는 길어져서 단편적인 이미지들을 이어 붙여 실재의 효과를 자아내는 방식 대신에 행동과 사건 전체를 하나의 쇼트(쁠랑세캉스)로 직접 제시한다. 따라서 행동-이미지에서는 배제되었던 행동 외의 잡다한 요소들이 이미지 전반에 깔리게 된다. 가령 데 시카Vittorio De Cica의 〈움베르토 D〉Umberto D에서 주인공 움

사진 2. 움베르토는 남녀가 사랑 행각을 벌이고 나간 자신의 여관방에 들어와 불쾌함을 느끼며 방 안을 어슬렁거린다. 카메라는 이 시퀀스 전체를 컷 없이 지속적으로 주시한다.

베르토는 빈민구호 식당에 앉아 단순히 식사를 하고 나가는 것이
아니라, 식사를 하면서 숟가락을 떨어뜨리고, 들키지 않게 몰래
개에게 밥을 주고, 관리자의 눈치를 보느라 두리번거리는 등 식사
행위와는 무관한 일들을 벌인다. 유기적 행동의 수준을 넘어서는
현실의 다른 요소들로 인해 이미지에서 구현되고 있는 시간은 더
늘어지고 산만해지며, 결정된 내러티브 외의 무엇인가가 과잉되
어 있다.⁵ 즉 네오리얼리즘은 바쟁이 "사실-이미지"image-fait라고
부르기를 제안했던 새로운 유형의 이미지를 창조했다.⁶

　　가공되지 않은 날 것 그대로의 이미지라고 하여 "날-이미지"
라고도 불리는 사실-이미지는 단순히 하나의 이미지나 쇼트가 제
시하는 정보의 양을 의미하지 않는다. 그것은 이미지의 새로운 지
향성을 드러내는데, 즉 여기서 인물의 행동은 지시 기능으로서의
연기가 아니라 행동하는 실재로서 그 자체의 생명력이 강조되는
것이다. 움베르토가 방세를 낼 돈을 구하지 못하고 집으로 향하
는 걸음걸이가 뻴랑세캉스로 길게 제시되는 장면을 생각해 보자
(사진 1). 또 젊은 남녀가 사랑을 나누고 나간 자신의 여인숙 방
에 들어와 잠시 동안 해대는 목적 없는 사소한 행동들, 침대보와
벌이는 작은 충돌들, 방 안에서 으레 하는 자질구레한 제스처들
을 생각해 보자(사진 2). 다른 예로, 바쟁은 데 시카의 〈자전거 도
둑〉Ladri di biciclette에서 아버지를 따라다니는 꼬마 아이의 종종걸음
을 지적한다. 이들은 영화의 전체를 형성하는 큰 형식의 행동-이
미지 관점에서는 크게 중요하지 않은 행동들일 뿐만 아니라, 작은

형식의 사건조차 될 수 없는 지리멸렬한 섬광들일 뿐이다. 그럼에도 그것은 단절 없이 하나의 쇼트로 길게 제시된다. 다시 말해 카메라는 그가 걸어서 집으로 갔다는 하나의 사건 혹은 플롯의 한 요소로서 그의 행동을 다루는 것이 아니다. 카메라는 그 걸음걸이 자체, 사건과 요소를 넘어서는 꼬마 부르노와 움베르토 자신에 속해 있는 그 이상의 실재, 달리 말해 바쟁이 "연기의 소멸"이라는 표제로 지적했던 "표현하기 이전의 존재"를 드러낸다(바쟁, 『영화란 무엇인가?』, 403쪽). 한 노인의 걸음걸이로부터 그의 특유한 인생 전체 즉 움베르토라고 하는 바로 그 개인의 실재 그리고 바로 그곳에서 그를 포함하고 있는 현실 전체, 예컨대 더 이상 자신의 삶을 유지할 수 없을 만큼 피로해져 있는 한 노동자의 비참함 전체뿐만 아니라, 사회와 계급을 초과하는 한 개인의 서명과도 같은 그의 뉘앙스를 느끼게 해 주는 것이다. 가공되거나 전언된 현실이 아니라 직접 주시함으로써만 획득할 수 있는 이것이 바로 사실-이미지이다. 그리고 여기에는 시간의 한 표지로서의 사건과 행위의 이행을 넘어서 그 노인 안에 잠재하고 있거나 그를 둘러싸고 있는 시간의 현시로부터 발생하는 감동이 있다.[7]

네오리얼리즘의 특징을 자바티니Cesare Zavattini는 "조우의 예술"art de la rencontre이라고 조금 다른 관점에서 명명했다.[8] 다시 데 시카의 〈움베르토 D〉로 돌아가서 들뢰즈가 제시한 한 장면을 보자.

이른 아침, 부엌에 들어온 어린 하녀는 기계적이고 피로에 지친 일련

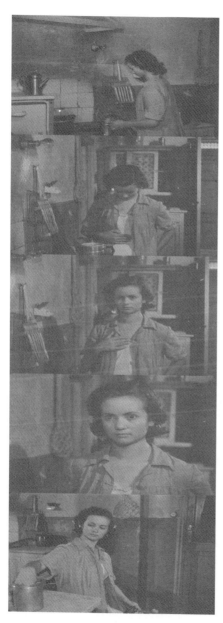

사진 3. 이른 아침에 일어나 평소처럼 부엌일을 하던 하녀는 갑자기 창문을 바라보면서 시지각 음향적 상황에 빠진다. 그녀에게 일상과는 다른 비전이 펼쳐지는 것이다.

의 동작들, 즉 선반을 슬쩍 훔치고 개수대의 물줄기로 개미를 쫓거나, 커피 가는 기계를 돌리거나, 발끝으로 밀어 문을 닫거나 하는 등의 동작을 한다. 그러다가 갑자기 그녀의 시선은 임신한 자신의 배와 만나는데, 이는 마치 세상의 모든 비참함이 그 배로부터 태어나기라도 하는 듯하다.[9] 이렇게 어떤 평범한 일상적인 상황 속에서, 의미 없는, 그러나 한층 더 단순한 감각-운동 도식schémas sensori-moteurs에 순응하고 있는 일련의 행위들 내부에서, 어린 하녀로서는 해답을 찾을 수도 반응을 할 수도 없는 **하나의 순수한 시지각적 상황**situation optique pure이 돌연히 출현하는 것이다. 시선, 부어오른 배, 이것이 바로 조우이다.(Deleuze, *Cinema 2*, 1~2)

들뢰즈가 여기서 설명하고 있는 조우, 즉 "순수한 시지각적 상황"이란 습관이 되어 기계적이고 도식화된 일상적 행동들[10]이 우연히 어떤 상황에 이르러 그 기계적 도식을 벗어나 순수 시각적·청각적 비전으로 열리는 순간을 뜻한다. 하녀는 매일 아침에 해 오던 일들을 의식 없이 자동적으로 수행한다. 커피를 갈고, 앉은 채로 다리를 사용해 부엌문을 닫고, 물을 끓이기 위해 성냥을 그어대고, 불을 붙여 물을 끓인다. 그러다가 갑자기 창밖의 고양이와 바깥 풍경 전체를 바라보면서 생각에 잠긴다. 그리고는 자신의 불러 오른 배를 보고는 먼 곳을 주시한다. 카메라는 가까이 다가가 그녀의 얼굴을 보여주고, 다시 뒤를 돌아 의자에 앉아 눈물을 흘리는 그녀의 모습을 보여준다.(사진 3) 감각-운동적으로 해

왔던 행동에 균열이 생겨 잠깐 동안의 그녀의 느슨한 실재성 속에서 무엇인가가 변한 것이다. 그리고 카메라는 행동과 제스처를 넘어서는 부엌의 이 모든 실재성을 무거운 시선으로 바라본다. 그것은 몽타주에 의한 가볍고 소란한 시선이 아니라 이 시간 전체 속에 묻히어 그 지속을 감내하는 침묵의 시선이다.

　　순수 시청각적 상황 속에서 인물(관객도 포함하여)은 행동성(또는 유기성)을 잃어버리고 바라보거나 듣기만 한다. 손이 물건을 잡거나 던지는 운동 능력을 상실했을 때 사물을 지각하는 손의 최후의 감각이 촉각이라면, 몸이 갑작스럽고 우연적인 순간에 행동력을 상실했을 때 이 행동성을 대체하는 것은 순수한 시각적·청각적 기능이 될 것이다. 이때는 지각이 행동으로 혹은 행동이 다른 행동으로 연장되지 않고, 그들 사이에 중단, 망설임, 머뭇거림이 일어나 행동이 오히려 지각으로 이행한다. 다시 말해 세계는 행동에 의한 실현 대상으로서의 응축된 현실성을 잃어버리고 잠재적인 수준으로 이완되어 흩어진다.[11] 들뢰즈는 다른 곳에서도 여러 차례 이 순간을 '간극'이라고 부른 적이 있었다. 이 간극은 행동성이 위기를 맞거나 소멸하는 지대로서, 더 이상 습관적이고 도식적인 지각과 행동이 불가능한 순간이다. 따라서 의도되지 않은 어떤 사유에의 강요가 내부에서 일어난다. 행동성의 소멸은 곧 지각과 사유의 강요로 이행한다. 그 하녀는 잠깐 동안의 시청각적 상황 속에서 자신의 인생과 비참한 미래 전체를 하나의 파노라마처럼 떠올렸을 것이다. 그리고 눈물을 흘리는 그녀 안에서는 대단히 미약한 것일지라도 어떠한 변화가 일어날 것이다. 들뢰즈에 따르면 이 간극은 창조의 징후이고 시간성이 최초로 발생하는 지대이다.

이 조우에는 일정한 형식이 있다. 우선 무엇인가를 '주시'하는 상황이나(위에서 언급한 하녀의 경우가 좋은 예이다), '소요'(여행이나 방황을 포함하여)가 그것이다.12 네오리얼리즘과 누벨바그의 많은 작품들 속에서 보게 되는 방황이나 소요가 좋은 예이다.13 여행이나 소요는 정해진 길을 가는 것이 아니라 매 순간 갈 길을 선택하는 과정이고 거기서는 언제나 두 갈래 길이 나온다. 소요와 여행에서의 해방감은 감각들의 불일치에서 발생하는 어떤 열림인데, 이 열림은 바로 그 길의 딜레마로부터 발생한다.14 또한 주시하고 배회하는 가운데 인물이 사유의 한계를 벗어나는 어떤 참을 수 없는 것을 '목격'하기도 한다. 로셀리니Roberto Rossellini의 〈독일영년〉Germania Anno Zero이나 〈이탈리아 여행〉Journey to Italy이 좋은 예인데, 끔찍한 전쟁에 대한 어린아이의 목격이나 가정주부의 두려운 외부세계 경험은 유기적 행동성의 중단과 더불어 이들이 전혀 다른 수준의 실재로 열리는 계기가 된다. 이는 전쟁 후 유럽 부르주아 사회가 겪는 유기적 전체성의 파편화, 그리고 일치된 감각과 행동의 실행 불가능에서 오는 시청각적 상황의 출현과 같은 새로운 환경에 맞닥뜨린 개인의 심리적 경악을 반영한다.

들뢰즈는 다양한 시청각적 상황의 예를 제시한다. 위에서 말했듯이 로셀리니의 〈독일영년〉에서 주인공 소년은 전후 독일이

사진 4. 비스콘티의 〈로코와 그의 형제들〉에서 로코 가족은 낯선 도시에 도착하여 새로운 환경에 어리둥절해하며 시지각적 상황에 빠진다.

직면한 끔찍한 사회적 살육의 정글을 목격한다. 또 안토니오니의 〈일식〉L'Eclisse에서는 공허감에 사로잡힌 여주인공이 낯설고 텅 빈 공간들을 주시하고, 〈붉은 사막〉Red Desert에서는 신경증에 걸린 부르주아 여인이 몽환적 비전에 사로잡힌다(「5장 자유간접주관성」사진 9 참고). 안토니오니의 영화는 대부분이 주시의 영화이다. 인물들은 세계를 주시하고 거기서 자기 자신에 대한 미학적 몽환에 빠져들어 본다는 것에 대하여 그리고 시각적 객관성에 대하여 집요한 물음을 던진다. 비스콘티Luchino Visconti의 〈강박관념〉Obssession이나 〈로코와 그의 형제들〉Rocco and His Brothers에는 낯선 도시에 도착한 이방인들이 새로운 상황과 환경에 동화하기 위해 벌이는 시각적·청각적 망설임이 있다(사진 4).15 인물들이 주어진 질서에 기계적으로 행동하기보다는 주시하고 망설이는 장면들을 감안하여, 들뢰즈는 네오리얼리즘이 더 이상 "행위의 영화가 아니라 견자見者의 영화cinéma de voyant"라고 명명했다(Deleuze, *Cinema 2*, 2) 순수하게 시지각적인 상황 하에서 인물들은 지금까지와는 전혀 다른 지각과 사유의 강요에 직면하여, 그 비결정적인 망설임 속에서 시간과 지속을 내적으로 경험한다.16

영화는 물론 그 자체가 시지각적·음향적 이미지이다. 이미지가 행동을 보여주든 감정을 표현하든 관객은 영화를 시각적이고 음향적인 체계로서 경험한다. 또한 네오리얼리즘이 제시하는 이미지도 이미 그 연출을 통해 행동이 계획되고 선택된 현실일 뿐이다. 네오리얼리즘이 아무리 날-이미지를 제시한다고는 하지만,

그것이 이미지로서 제시되는 한 불가피하게 하나의 체계로서 존재한다. 들뢰즈는 네오리얼리즘의 중요성은 다른 곳에 있다고 지적한다. 문제는 이미지의 존재론적 위상이 아니라 이미지에 대한 우리의 태도인 것이다. 고전적 리얼리즘에서 인물들은 항상 자신에게 주어진 상황에 이항적으로 반응했다. 인물들은 행동을 멈추고 망설이거나 반응을 지연시키지 않는다. 정감의 추상이라고 하는 그 고유한 의미에서의 클로즈업이나 롱쇼트조차 없다. 인물이 생각을 하거나 지연된 반응 속에서 머뭇거릴 때조차 그것은 하나의 행동적 요소로서 다루어질 뿐이다. 심지어 상황에 대하여 무력감을 드러낼 때조차 그것은 행위들이 만든 사건에 구속되고 묶여 있다. 앞서 논의했던 존 포드의 서부영화에서 주인공이 행동성을 잃고 절망하거나 무력감을 드러낼 때에도 그것은 그의 운명적인 목적지에 도달하기 위해 거쳐야 할 시련이나 교육의 과정에 불과했다. 가령 〈나의 계곡은 푸르렀네〉에서 가족을 거느리면서 광부 공동체의 상황에 맞섰던 아버지는 광산 파업에 대해서는 아들들에 비해 소극적이고 신중하며 생각에 빠져 있는 인물인 것처럼 변한다. 그러나 이때의 소극성은 전체의 유기적 구조를 이루는 하나의 행동적 요소이다. 말하자면 신세대의 개혁적 성향을 대변하는 아들과 구세대의 보수적 경향을 대변하는 아버지의 대립되는 구도와 도식의 한 기능인 것이다. 이러한 구도 속에서 관객은 그 인물에 동화되어 인물의 도식화된 행동성을 따라, 바로 "감각-운동적 이미지"를 지각한다고 말할 수 있다. 행동성이란 이항적 도식

사진 5. 비스콘티의 〈강박관념〉에
서 떠돌이는 낯선 마을에 도착하
여 한 여인숙에 들어가 탐색을 한
다. 카메라는 그를 따라다니며 그
의 시지각 음향적 상황을 마치 자
유간접주관적 지각처럼 보고하고
있다. 이때 그의 눈앞에 펼쳐지는
사물들은 기능성 대신에 실체로서
드러난다.

이며, 거기서 인물들과 상황은 서로 상관적으로 종속된다. 그러나 네오리얼리즘의 시지각적 상황은 이와는 전혀 다르다.

> 이제 이 동일화 과정[관객과 인물의 동일성, 즉 현실적 환상]이 전복되기에 이른 것이다. 즉 인물 그 자신이 일종의 관객이 된다. 그의 움직임과 질주와 몸부림은 아무 쓸모가 없어졌으며, 인물이 연루된 상황은 그의 운동 능력의 한계를 넘어서고, 대응이나 행위의 규칙에 더이상 종속되지 않는 것을 보고 듣도록 하는 것이다. 그는 이제 반응하기보다는 기록한다. 행동에 참여하기보다는 하나의 비전 속에 내맡겨져 이 비전에 쫓기거나 혹은 이를 추구한다.(Deleuze, *Cinema 2*, 3)([ ]는 필자의 주)

네오리얼리즘 영화에서 인물들은 세계를 감각적으로 느끼고 이에 즉각적으로 반응하는 감각-행동적 상관관계(이항적 도식 혹은 S-A 구도)로부터 이탈하여 무기력 속에서 사태를 보거나 들을 수밖에 없는 시지각 음향적 상황에 처한다. 배경, 대상, 상황, 가구, 집기와 같은 무대장치에 대한 이들의 반응에도 미묘한 변화가 일어난다. 물론 고전적 리얼리즘에서도 인물들이 활동하는 배경(대평원, 사막지대, 마을 등)이나 행동의 대상(클로즈업된 총, 날렵한 말 등)에 그 자체의 고유한 현실성이 없다고 할 수는 없지만, 무엇보다도 작품에서 제시된 특정 문맥이나 상황이 요구하는 유기성에 묶여 있었다. 유기적으로 재현된 집은 인물들이 활동하는 공간이거나, 인물들의 계급, 시대, 장소를 나타내는 기호였다. 하워드 혹스의 영화에서 보았듯이 더 이상 예배의 장소로 기능할 수 없을 만큼 버려진 교회조차 행동을 위한 도구로서의 엄폐장소 혹은 대결의 장소여야 했다. 배경이나 무대장치가 인물의 행위와 유기적으로 묶여 특정한 상황과 환경을 조성하면 인물은 그에 반응하고 행동하는 도식이 가능했던 것이다. 그러나 시지각 음향적 이미지에서 배경과 대상은 유기적 상황과 독립하여 그 자체의 물질적, 실존적 현존을 드러낸다. 비스콘티의 〈강박관념〉의 첫 시퀀스에서 떠돌이가 차에서 내려 바라보는 눈앞의 저택과 그 내부 공간은 인간이 사는 주거지이기보다는 탐색되어야 할 어떤 실체처럼 드러난다(사진 5). 또 안토니오니의 〈욕망〉Blow Up에서 사진가가 갑자기 빠져들게 되는 공원에서의 시청각적 비전은 사물에 대한 그의 모든 감각적 행동주의의 확신을 무력화시켜, 자신이 다루는 객관적 매체(사진)조차 모호한 잠재성의 지대에 있음을 깨닫게 한다(사진 6, 사진 7). 결국 유기성의 실패로부터 드러나는 것은 의미의 비결정화이며, 사물들이 행동을 강화하거나 상황에 예속된 기호로서가 아니라, 바로 그곳에 그 자체 존재하는 실체로서 면전에 출현하는 것이다. 따라서 인물들은 그것이 무엇인지 그리고 정황상 문맥의 어디에 속하는지를 알기 위해 주시하거나, 망설이거나, 몽환적 비전에 사로잡히는 상황에 처한다. 들뢰즈에 따르면 지각과 행동 사이에 벌어진 이러한 간극과 균열은 지각과 행동의 단절뿐만 아니라 모든 감각 기능들의 불일치된 해방을 불러

사진 6. 안토니오니의 〈욕망〉에서 사진작가는 카메라의 감각적 확실성에 대해 의심을 가지지 않았지만, 우연히 어느 공원에서의 시지각적 상황에 빠진 이후부터 비결정성의 환영에 빠지게 된다.

온다. 대상을 지각하기 위해서든 아니면 행동을 감행하기 위해서든 유기적으로 일치되어야 할 감각들이 각각 해방된 상태 속에서 현실과 상상 또는 실제와 허구가 식별 불가능해지는 것이다.

> 상황은 이처럼 직접적인 행동으로 연장되기를 그친다. 상황은 리얼리즘에서처럼 감각-운동적인 것이 아니라, 행동이 상황 내에서 형성되기 이전에, 그리고 상황의 요소를 이용하거나 그것에 대면하기 이전에, 무엇보다도 감각에 의해 우선적으로 투여된 시각적, 음향적인 양상을 띠고 나타나는 것이다. …… 배경의 현실성과 행동의 현실성 사이에 수립되는 것은 더 이상 운동적 연장이 아니라, 오히려 해방된 감각기관들의 중재를 통한 몽환적 관계이다. 마치 행동은 상황을 완결시키거나 제압하는 대신, 상황 속에서 부유하고 있는 듯하다.(같은 책, 16~17)

네오리얼리즘에서 어린이나 노인 혹은 여성의 역할이 가지는 중요성도 같은 맥락이라고 할 수 있다. 데 시카의 작품뿐 아니라 트뤼포의 작품과 같은 누벨바그 계열 영화에는 여성, 어린아이, 노동자 등 사회적 행동수단을 가지지 않은 소수자들이 많이 등장한다. 이들의 연기는 대부분 광경을 바라보고 주시하는 것으로 점철된다. 어른의 세계에서 혹은 남성의 세계에서 상대적으로 무기력한 어린이나 여성은 그 행동력의 결핍으로 인해 오히려 더 잘 보고 잘 들을 수가 있다. 네오리얼리즘에서 진부한 일상적 행동들이 중요한 소재로 등장하는 이유 역시 같은 맥락이다. 일상적 진부함이란 자동적으로 잘 짜인 감각-운동적 세계에 갇혀 있는 것이기 때문에, 그 일상성의 균형에 약간의 교란만으로도(그 하녀의 장면처럼) 쉽게 그 체계에 균열과 이탈을 가져오기도 하고, 회상이나 꿈이나 악몽의 형태로 그 일상성에 참을 수 없는 어떤 날것 그대로의 적나라함과 난폭한 모습을 드러내기 때문이다. 이러한 침묵과도 같은 비전에서는 감각적이고 행동중심적인 도식 아래에 파묻혀 있었던 관계 전체의 본질 혹은 상황 전체의 진상이 드러나기 마련이다.

결국 우리는 들뢰즈 예술론의 주제인 잠재성의 문제로 되돌아간다. 네오리얼리즘 혹은 시지각 음향적 이미지에서는 시각적 비전과 그 묘사가 행동성을 대체함에 따라, 주관과 객관의 구별이 모호해지고, 의미가 불확정적이 되며, 심지어 식별 불가능성의 원칙이 지배한다는 점이 강조되어야 할 것이다. 시각적이거나 청각적인 상황은 사물을 직접 만져보고 행동을 가함으로써 촉각에 의해 확신을 가지는 현실성을 잠재적인 것으로 유보한다. 이 잠재적 불확실성 때문에 현실과 비현실은 식별 불가능해진다. 순수 시청각적 상황은 실제성의 요청들(사물의 기능, 의미, 행동의 결정)로부터 이탈된 상황이다. 인물들은 계획이나 목표에 따라 행동하기보다는, 무엇을 해야 할지 모르는 막연한 상태 속에서 배회할 뿐이다. 순수 시청각적 이미지는, 실제적 상태로 분화하지 않고 결정이 유보되어 아직 구체화되지 않은 잠재성이 강화된 이미지이

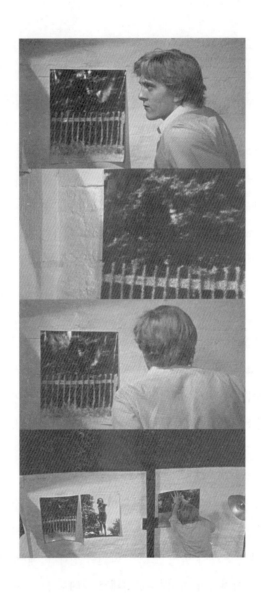

사진 7. 사진작가는 공원에서 우연히 두 남녀의 애정행각을 찍게 되는데, 여자의 이상한 행동에 어떤 살인 음모가 있을 것이라고 추측을 하게 되어 필름을 확대해 가며 그 비밀을 풀고자 한다. 그러나 확대하면 할수록 드러나는 것은 사실적 객관성이 아니라 잉크의 번짐으로 인한 의미의 비결정성뿐이다.

다. 따라서 어느 것이 꿈이고 현실인지 구별하기 어려운 모호함이 지배한다. 안토니오니의 〈욕망〉에서는 사진가가 앞서 언급한 공원에서 자신이 찍은 사진을 확대해가며 살인의 증거를 찾으려 하지만, 자신이 목격했다고 '믿고 있는' 그 사진 속 광경이 실제로 살인의 현장인지 아니면 자신의 상상인지 식별할 수 없는 혼란에 직면한다(사진 7). 또 주인공이 저녁이 되어 현장을 확인하기 위해 그 장소에 다시 갔는데, 한 남자가 잔디밭에 죽어 있는 장면이 나온다. 그러나 그 남자의 시신 장면이 실제로 살인이 일어난 현장의 이미지인지 아니면 주인공이 장소를 바라보며 상상하는 이미지인지 영화 어디에서도 명확히 지시해 주지 않는다(사진 8). 안토니오니의 이러한 이미지들은 식별불가능한 잠재성을 보여준다는 점에서는 클로즈업을 통한 정감-이미지의 추출과 유사한 것처럼 보이지만, 그의 이미지는 무엇보다도 대상을 공간 안에서 객관적으로 뚜렷이 제시하여 지각-이미지에 기반을 두고 있다는 점에서 정감-이미지와는 다르다. 그럼에도 순수 시지각적 이미지의 잠재성 안에서는 더 이상 무엇이 상상이고 실제인지, 무엇이 물리적이고 정신적인 것인지를 결정할 수 있는 근거 혹은 중심이 사라져 버린다.

그렇다면 유기성을 잃은 잠재적 이미지로 들뢰즈는 무엇을 논의하고 있는 것일까? 베르그송주의자인 그는 무엇보다도 이미지가 '존재'로서 긍정되기를 원했던 사람이다. 이미지의 존재성이란 이미지가 자기 자신 안에 존재하는 것, 다시 말해 이미지의 내적인 지속이라고 말할 수 있을 것이다. 결코 찰나나 순간일 수는 없는 존재가 내적 지속이 아니라면 무엇이란 말인가? 또한 존재가 존재하기 위한 근원적 토대로서의 지속 안에서가 아니라면 자신을 어떻게 드러낼 수 있단 말인가? 들뢰즈는 이미 운동−이미지의 다양한 변용들을 그 본성적인 차이에 따라 나누었다.[17] 중심이 없는 보편적 운동−빛−물질과 동일한 운동−이미지가, 중심을 가지는 두뇌−육체와 결부되어 주관적 이미지−존재들로 분화되는 과정이 전개되었던 것이다. 운동−이미지에서 무엇인가가 지워지고 소멸함으로써 드러났던 것 역시 그 본성적으로 다른 이미지의 존재이다. 본성적 차이의 나눔은 곧 그 이미지들 각각의 존재의 긍정과 같다. 따라서 지각−이미지, 행동−이미지, 정감−이미지는 그 물질적 질료로서의 운동−이미지로부터 감산되는 프레임이나, 형태나 공간과 같은 지시체계의 부정의 결과가 아니라, 무엇보다도 자신 안에 내적 지속을 포함하는 긍정적 기호로서 존재한다고 말해야 할 것이다 − 씨네마톨로지의 주요 프로젝트인 소멸은 부정이 아니다.

그러나 이미지−존재의 근원적 토대로서의 내적 지속 즉 시간 자체는 아직 나누어지지도 직접적으로 드러나지도 않았다. 지금까지 이미지를 운동의 관점에서만, 나아가 행동의 관점에서만 보았기 때문일 것이다. 이것은 영화가 시간을 재현하는 형식 자체가 안고 있는 문제이기도 하다. 영화는 어떻게 시간을 드러내고 재현할 것인가? 물론 영화 이미지는 사진과 달리 운동(영상의 움

사진 8. 주인공은 자신이 추측한 살인 음모를 확인하기 위해 밤에 다시 공원을 찾는다. 추측대로 남자가 죽어 있는 것을 보지만 확신을 하지 못한다. 아침이 되어 다시 그곳을 찾았지만 시체는 없었다.

직임)의 체계로 이루어졌으므로 이미지를 시간의 수준에서 파악하게 해 주는 것처럼 보인다. 우리는 운동의 과정 속에서 시간을 상상한다. 그러나 이때의 시간이란 운동이나 행동에 종속된 시간이 아닌가? 운동-이미지 즉 쇼트의 이질적 종합인 몽타주를 생각해 보자. 몽타주는 물론 시간을 드러낸다. 그러나 이때의 시간이란 하나의 쇼트에 제시된 운동과 또 다른 하나의 쇼트에 제시된 운동의 종합에 의해 발생하는 차이의 효과로서 나타나는 것이 아닌가? 몽타주에서 시간은 운동의 간접적인 매개로서, 더 정확히 말해 운동의 네거티브로 존재할 뿐이다. 다르게 말해, 몽타주는 언제나 운동-이미지에 근거하고 있는 것이다. 회상장면을 생각해 보자. 우선 한 인물 또는 회상의 주체가 하나의 쇼트(A)에서 제시될 것이다. 다음으로는 그가 회상하는 내용(B)이 제시된다. 이 두 쇼트 사이에 시간의 문법적 표지를 더하여 플래시백이 운용되면, 쇼트 A는 내용상 현재가 되고 쇼트 B는 과거가 되어, 두 개의 쇼트가 회상의 이미지로 구체화될 것이다. 그러나 이 회상 이미지에서 결합된 두 쇼트는 현재와 과거의 결합이 아니라 두 개의 운동-현재가 아닌가? 시간-이미지는 플래시백이라는 코드에 의해 두 개의 운동-이미지가 매개된 효과로서 간접적으로만 드러날 뿐이다. 운동에 근거하는 한 몽타주에서 제시되는 쇼트는 항상 현재로서 우리에게 주어진다. 몽타주에 의한 시간이란 현재들의 결합의 효과로서 존재할 뿐이다.[18] 들뢰즈가 여러 텍스트에서 지적했던 바, 시간은 언제나 운동의 셀 수 있는 단위로서 존재했다. 운동의 양으로서 혹은 운동의 공간적 표현으로서, 시간은 운동에 종속되어 하나의 운동과 또 다른 하나의 운동을 묶어주는 경첩과도 같은 기능을 했다. 그렇기 때문에 운동-이미지의 변체로서의 지각-이미지, 정감-이미지, 행동-이미지를 논의하는 동안, 다시 말해 네오리얼리즘의 시지각 음향적 이미지를 논의하기 전까지 들뢰즈는 여러 차례에 걸쳐 아직 시간-이미지가 직접적으로 드러나지는 않았다고 지적했던 것이다. 그는 심지어 인물들이 오랜 시간에 걸쳐 퇴락해가는 과정을 보여주었던 슈트로하임Erich von Stroheim의 "엔트로피의 시간"이나, 퇴락의 반복을 통해 "영원회귀의 시간"을 구가했던 브뉘엘Luis Buñuel의 충동-이미지에서조차, 아직은 시간-이미지가 순수한 형태로 직접적으로 나오지 않았다고 말했다.19

따라서 들뢰즈가 네오리얼리즘과 누벨바그의 이미지를 통해 예시했던 감각과 운동의 유기적 연쇄의 단절은 이미지에 내재한 시간과 지속을 행동이나 운동에 종속시키지 않고 직접적으로 현시하는 문제에 닿아 있다. 몽타주가 아닌 쁠랑세캉스로 주시된 이미지가 중요해지는 이유가 여기에 있다. 하나의 쇼트 안에 잠재적으로 내재한 과거와 미래를 그 내적인 형식으로서 직접적으로 드러내고, 운동을 넘어서 혹은 운동으로부터 해방된 그 이전과 이후의 지속 전체를 긍정하는 이미지, 이것이 내적 지속으로서의 시간-이미지가 가지는 의미이다. 들뢰즈는 이러한 잠재적 이미지가 지속을 직접적으로 드러내는 경우로 발전된 예를 일본 감독인 오즈 야스지로小津安二郞, Ozu Yasujiro에게서 보았다.

오즈의 영화에는 주로 소요逍遙나 여행이 등장한다. 기차여행, 택시드라이브, 버스여행, 자전거나 도보여행, 지방에서 도쿄로의 노인의 여행, 소녀의 어머니와의 휴가 등이 그것이다. 또 무엇보다도 오즈의 영화는 일본인의 가정생활에서 벌어지는 일상적인 진부함이 주를 이룬다. 인물들은 반복해서 퇴근 후에 술을 마시고, 결혼을 하고, 직장에서 일을 하는 등, 매일 매일 다를 것 없는 일상사를 되풀이한다. 심지어는 그의 작품들마다 동일한 배우들이 반복해서 등장한다. 카메라 이동은 점점 사라지고 트래킹 쇼트의 속도 역시 느리다. 어떤 경우에는 움직이는 인물을 카메라가 따라가며 이동할 때조차 카메라와 인물이 고정되고 배경이 지나가는 것처럼 보여[20] 마치 운동이 하나의 덩어리를 이루는 것 같다. 또 잘 알려진 '다다미 쇼트'에서 볼 수 있듯이, 낮은 위치에 카메라가 고정되어 측면보다는 주로 정면을 바라본다. 어떤 점에서 카메라의 이러한 앵글은 일본인들이 자연과 대상을 바라보는 태도를 반영한다. 무릎을 꿇은 것처럼 수동적이고 심미적인 자세로 시각적·음향적 상황에 빠지는 것이다. 고전적 리얼리즘의 유기적 편집의 공식이랄 수 있는 시선의 일치 역시 잘 지켜지지 않아 대화를 하는 인물들의 시선이 때로 일치하지 않는다. 장면전환 역시 디졸브나 페이드에서 단순한 컷으로 바뀐다. 시간을 나타내는 기술적·문법적 표지가 사라져버렸기 때문에, 현재 벌어지는 행동이든 기억이든 꿈이든 모든 장면이 판이한 평면 이미지로 대체되는 것이다(오즈는 광각렌즈보다는 표준렌즈를 더 선호했다). 이는 시간과 공간을 능동적으로 경험하는 행동–이미지와는 전혀 다른 방식이라고 할 수 있다. 이동촬영은 작가의 윤리적 해설이라는 고다르의 말을 감안했을 때, 앵글의 변화를 도모하지 않는 오즈의 이미지에서는 감독 자신의 해석이나 가치판단이 배제되었다고 볼 수도 있다. 몽타주와 같이 모든 종합이 주는 효과의 포기는 음향에도 영향을 주게 된다. 특히 오즈는 쇼트를 행동의 단위가 아니라 대화의 단위로 생각했기 때문에, 쇼트를 대사와 일치시켜 하나의 쇼트가 대화의 템포에 따라 구성된다. 음향과 화면이 단조로워지고 평면적이 되는 것이다. 이렇게 오즈의 이미지에서는 행동–이미지가 사라져 버리고, 인물의 전형적이고 진부한 형태의 시지각 이미지 혹은 인물의 전형적인 말소리의 음향적 이미지로 대체되기에 이른다.[21] 인물들은 아주머니, 아저씨, 아버지, 딸 등 차별성 없이 진부한 성격과 대화가 지배하게 된다. 들뢰즈는 이것이 "헛된 시간" 또는 진부한 시간을 드러내며, 이러한 이미지와 아울러 "쇼트나 대사는 비교적 긴 침묵이나 빈 공간을 통해 연장"되고 있다고 적는다(Deleuze, *Cinema 2*, 13~14).

중요한 것은 오즈의 영화를 지배하는 이 진부하고 평면적인 이미지에는 공간들이 연결되지 않고 탈골되어 있으며, 이렇게 탈골된 공간들은 서로의 유기성과 필연성을 잃고 임의의 공간이 되고 있다는 점이다. 이야기가 진행되다가 갑자기 풍경이나 정물 이미지가 등장한다든가, 난데없이 장면이 점프를 하여 연속성 없는 전혀 다른 장면이 나와 흐름의 밀도를 방해하고, 마치 막간의 쉬

사진 9. 오즈의 〈초여름〉에서는 점프컷을 예시해 주는 좋은 예가 있다. 두 인물이 복도를 걸어 나올 때 카메라는 그들을 바라보며 서서히 후진하다가 갑자기 전진하면서 비슷한 구도의 다른 복도를 보여준다. 이 복도는 한 인물이 돌아온 후의 집 안 복도이다. 이러한 점프컷은 탈골된 공간을 제시하고 있다.

어가는 장면처럼 이미지의 연속에 감돌던 긴장이 풀리는 가운데 논리적 인과성이 무장 해제되는 것이다. 따라서 사건과 행동이 일어나는 양상에 종속되거나, 그에 상관적이거나, 그에 적합한 공간의 이동이 아니라, 공간들의 연결 관계가 끊어져버린다. 들뢰즈는 이탈공간의 예들을 몇 가지 적는다. 예컨대 인물들의 시선의 방향과 대상의 위치가 지속적으로 그리고 체계적으로 불일치한다. 또 시간과 공간의 이동에 갑작스러운 점프가 일어난다. 〈초여름〉麥秋의 여주인공이 누군가를 놀래주기 위해 식당의 복도를 몰래 들어가는 장면에서 카메라는 천천히 후진하면서, 정면에서 그녀가 걸어오는 모습을 담는가 싶더니 갑자기 똑같은 복도의 구도에서 앞으로 전진을 하는데, 이 복도는 식당의 복도가 아니라 이미 밤이 되어 집으로 돌아온 그 여주인공의 집이다.(사진 9) 특히 공간과 공간의 연결 사이에 텅 빈 공간이 삽입되어 탈골의 결정적 요소로 작용한다. 들뢰즈에 따르면 감각적이고 운동 도식적인 행동-이미지의 연쇄로부터 이탈한 이 빈 공간은 순수한 관조와도 같은 절대성과 자율성에 도달한다. 폴 슈레이더Paul Schrader나 로날드 리치 Ronald Richie 혹은 노엘 버치Noel Burch와 같은 오즈의 비평가들이 "정지 상태"cases of stasis 혹은 "베게-쇼트"pillow-shots이라고 부르는 이 공간에는 인물도 없고 움직임도 없다. 아무도 없는 실내복도, 황량한 실외, 자연풍경, 꽃병, 과일, 등불, 골프채 등, 말하자면 회화에서의 정물과도 같은 이미지가 그것이다(사진 10).

이처럼 유기적 연결로부터 이탈한 공간 또는 정물은 인물의

사진 10. 오즈의 영화 중간 중간에는 인물들의 행동이나 이야기의 흐름과는 무관하게 빈 공간들이 삽입된다. 이 빈 공간은 시간의 흐름을 암시하기도 하지만, 무엇보다도 관조하는 익명의 시선 시선이 드러나 있다.

행동이나 드라마의 흐름과 무관하게 완전한 자율성을 가진다. 이 장면들은 "절대적인 상태의 순수 관조의 순간"이며, "정신과 육체, 실재와 상상, 주체와 객체, 세계와 나의 즉각적인 동일성(일치성)"을 불러온다(Deleuze, *Cinema 2*, 16). 공간들이 불일치하는 순간이나 정물과 같은 정지 상태는 행동의 감각-도식적 연결 사이에 삽입된 일종의 '간극'이다. 바로 여기서 지속의 직접적인 이미지가 나온다. 유명한 예를 하나 들어보자. 〈늦봄〉晚春의 한 장면에서는 커다란 꽃병의 이미지가 나온다. 결혼을 앞둔 딸이 아버지에 대한 그동안의 오해와 그와의 이별을 안타까워하며 잠든 아버지를 바라보는데, 이 꽃병의 이미지는 아버지를 바라보던 딸의 엷은 미소와 복받쳐 오르는 감정 사이에 삽입된다(사진 11). 이 정물 이미지는 연속되는 다른 그 어떤 이미지와도 무관하게 자율적으로 존재한다. 그것은 딸의 미소와도 관련이 없으며, 그녀의 정념과도 관련이 없다. 뿐만 아니라 움직임의 유기적 맥락이나 연쇄의 기능, 심지어 운동의 외관조차 갖추지 못하고 마치 한 장의 사진처럼 정적靜寂을 조성한다. 말하자면 그것은 어떤 체계의 질서정연한 호흡에 난입한 당혹스러운 비효율 혹은 잉여이다. 그럼에도 불구하고 그 이미지에서는 무엇인가가 지나가고 달라지고 생성된다. 이것이 바로 영화가 사진과 본질적으로 다른 지점이다. 인물의 행동뿐만 아니라 다른 모든 가시적인 움직임으로부터 이탈한 이미지 자체의 자율성 속에서의 생성과 변화. 즉 시간이 행동이나 운동과 분리되어 철학적으로나 물리학적으로 고착된 물화 형식으로서의

'운동-시간'이라는 경첩으로부터 빠져나온 것이다. 이 탈골로 인해 시간은 이제 '측정 가능한 운동의 단위'로서 운동에 종속된 상관자이기를 그치고 자신의 고유한 이미지를 직접 드러내기에 이른다.22

> 이것이 시간, 시간 그 자체, '그 순수한 상태의 자그마한 시간,' 직접적인 시간-이미지, 즉 변하는 것에 불변의 형식(그 안에서 변화가 생산되는)을 부여하는 직접적인 시간-이미지이다. …… 영화 이미지가 가장 직접적으로 사진과 마주하는 지점에서, 가장 급진적으로 그것과 구분된다. 오즈의 정물은 그 꽃병이 나오는 10초 동안 지속하고 지속을 소유한다.(Deleuze, *Cinema 2*, 17)

물론 정물화면은 한 장의 사진처럼 정지해 있다. 정지된 화면에는 감각적으로 느껴지는 운동도 없으며 변화와 지속 역시 없어 보인다. 그러나 바로 사진과의 이 동일성에서 영화가 사진과 근본적으로 구분되는 지점이 형성된다. 우리는 인물들의 행동과 사건과 지각 대상들에 눈을 빼앗겨, 이들의 소란스러운 운동이나 행동의 저류에서 흐르고 있는 시간의 순수한 상태는 파악하지 못한다. 그러나 그 운동과 행동으로부터의 탈골은 그와는 반대로 순수한 상태의 시간의 현시를 가능케 할 것이다. 눈에 보이거나 감각적으로 포착되는 운동이 없어도 정물화면에는 변화와 이행이 잠재적으로 지속한다. 물론 감각적 형상 자체에는 변화가 없어 보

사진 11. 결혼을 앞둔 딸과 아버지의 마지막 밤. 딸은 잠든 아버지를 바라보며 생각에 잠기고 잠시 후 홀로 남을 아버지를 생각하며 슬픔에 젖는다. 이 심정의 변화 사이에 몇 초간의 꽃병의 이미지가 삽입된다.

인다. 그러나 사진과 본성적으로 다른 시네마에서는 어찌되었든 무엇인가가 이행하고 있는 것이다. 시계바늘이 멈추어도 무엇인가가 절대적으로 지나간다. 이것이 바로 세계와 그 운동의 토대 또는 근원적 형식으로서의 지속이다. 정물 즉 지속-이미지는, 잠재적으로 변해가고 생성하는 매순간을 시각적으로 보존한다. 역설적이게도 변화하는 어떤 것에 불변하는 시각적 형식이 부여된 것이다.

정물 이미지의 심오함은 일상적인 것을 우주적인 것과 연결해 주는 동일한 하나의 지평이 존재한다는 통찰에 있다. 오즈의 영화에는 변해가는 것들에 대한 인간들의 조용하지만 치열한 투쟁이 있다. 그의 영화에서는 무엇인가가 자꾸만 사라져간다. 그의 이미지가 선禪에 닿아 있다면 바로 이런 요소 때문일 것이다. 그러나 다른 한편에는 이 잔잔한 소멸에 대해 적잖은 강도로 저항을 하고 있는 인간적 정념이 있다. 부모와 자식의 이별, 딸의 죽음, 세대의 변화 등, 인물들은 이 피할 수 없는 변화와 어떻게 화해할 것인지, 그리고 잡을 수 없이 사라져가는 것들을 어떻게 견뎌낼 것인지 해답을 찾기 위해 무언의 투쟁을 벌인다. 그러나 결국 모두가 변화를 받아들이고 소멸의 흐름 속으로 들어간다. 그토록 거부하던 결혼을 하고, 아버지나 어머니의 재혼을 수긍하고, 성장하여 변해버린 아들에 대한 강요를 포기하고, 일상의 저류에 흐르고 있는 절대적인 침묵의 시간 속으로 파묻히게 되는 것이다. 오즈의 영화에는 규칙적으로 이행하는 시간의 리듬이 있다. 예컨대 진부한 일상이 있고 이 진부함으로부터 벗어나려는 인간들의 격정이 주기적으로 반복되는 것이다. 인물들의 욕망은 좌절되어 어떤 위기에 이른다. 그들은 삶을 내던질 듯이 일상의 흐름으로부터 이탈한다. 그러나 이들은 여행을 하거나 공원을 거닐거나 하다못해 창밖에 보이는 나무를 바라보며 격정을 되돌린다. 〈늦봄〉에서는 아버지의 재혼을 추잡스럽다고 여기고 토라져서 결혼을 거부하던 딸이 결혼을 수락하고 아버지를 이해하게 된다. 또 아버지는 딸이 결혼을 수락하자 서운함 때문인지 잠시 앉아 깊은 생각에 젖지만, 아침이 되어 일상으로 되돌아간다. 〈동경의 황혼〉東京暮色에서 아버지는 평소에 말썽을 피우던 딸이 사고로 죽던 날 기나긴 밤을 지새우며 시름을 앓다가 아침이 되자 애써 넥타이를 매며 출근 준비를 한다. 〈부초〉浮草에서 악극 광대인 아버지는 뜻대로 따라주지 않는 아들의 일탈로 인해 실망과 분노에 휩싸여 잠을 이루지 못하지만, 결국 아들을 포기하고 자신의 길을 떠난다. 슬픔과 격정에도 불구하고 결국 그들은 변함없이 반복되는 자연으로 회귀하듯이 평생을 해 오던 진부한 일상으로 되돌아간다. 그러나 어떻게 정념의 요동을 잠재우고 어제와 같은 평온한 아침으로 되돌아갈 것인가? 여기에 정물 이미지가 마치 여행처럼 혹은 산책처럼 삽입된다. 고궁의 탑, 나무, 산, 텅 빈 방안과 복도, 그리고 꽃병이 그것이다. 〈늦봄〉에서 딸을 시집보내고 난 후 홀로된 아버지가 집에 돌아와 한밤중에 사과를 깎다가 고개를 떨어뜨리며 슬픔에 빠진다. 그리고 나서 바다가 나온다. 이어서 아침이 밝아올 것이다. 〈동경의 황혼〉에서는 아버지를 원망하면서 집을 나간 딸의 죽음으로 밤을 지새우던 아버지가 날이 밝아 무거운 출근준비를 하는 장면 사이에 산이 나오고 겨울 빛이 차갑게 스며든 복도가 나온다. 정물 이미지가 시간의 이행과 지속을 직접적으로 보여준 다면, 다른 측면에서 그것은 지속의 인간적 형식으로서의 감내와 기다림을 드러내는 것이다. 그 기다림 속에서 자그마한 인간들은 자신들이 기반을 두고 있는 거대한 저류, 자신들을 포함하고 있는 무한한 흐름, 자신들을 중단 없는 변화 속으로 이끄는 근원적 니힐리즘이라고밖에는 표현할 수 없는 지속과 연결된다. 일상적이고 사소한 꽃병의 정지된 이미지는 우주 전체의 변화와 이어져 있다. 정물은 단단하게 굳어버린 삶의 지반 아래에 나 있는 작은 균열 같은 것이다. 설탕물을 마시려면 설탕이 물속에서 녹는 시간을 기다려야 한다고 베르그송이 말했던 것처럼, 우리는 기다림을 통해 일상적인 행위와 우주전체의 변화를 연결하는 단일한 시간을 경험한다. 초월적인 것을 애써 떠올리지 않고도, 단순하고도 진부한 일상 속에서 삶은 절대적 시간과 직접적인 관계를 맺는 것이다. 이것은 행동으로 맺어지는 사물들의 현실적(육체적) 연결과는 근본적으로 다른 연결이다.

행동을 통해 사물들은 실제적으로 연결된다. 사물은 공간적으로 이동하거나 물리적인 형태변화를 겪으며, 다른 사물 그리고 다른 공간과 연결된다. 사물과 사물, 사물과 공간, 공간과 공간이 도식적으로 현실화되는 것이다. 이 도식적인 연결 관계 속에서 감각과 행동 그리고 그 대상과 공간은 서로 연대하거나 종속적인 관계를 맺는다. 행동-이미지에서 이미 보았던 상관적 이항이 그 예이다. 행동의 세계란 작용과 반응의 이자성으로 구성되는 사물과 공간의 도식이며 그 질서이다. 그러나 시지각 음향적 이미지와 정물 이미지는 이와는 전혀 다른 연결을 제시한다. 물론 시지각 음향적 이미지 역시 하나의 지각-이미지일 수 있다. 네오리얼리즘이나 오즈의 이미지 안에는 식별 가능한 대상이 있다. 그러나 앞서 보았듯이 그것은 행동의 예비적 단계로서 행동을 위한 지각이 아니라, 반대로 행동성을 잃은 상태에서 순수하게 남아 있는 지각, 다르게 말해 운동으로부터 이탈한 시간 자체에 대한 지각이라고 말할 수 있다. 이때의 지각은 행동으로 연장되지 않고 그 반대로 사유로 파고든다. 여기서는 더 이상 사물들의 실제적 연결이나 감각-행동의 도식적 연대와 종속은 없다. 오즈의 탈골된 공간과 빈 공간에서처럼 감각과 감각, 감각과 행동, 행동과 대상 간의 연결은 끊어지고 연대는 흩어진다. 감각과 행동을 연결했던 도식의 단절과 불일치는 이들의 즉각적인 자율성을 불러오고, 일치와 종속에서 해방된 감각으로부터 새로운 연결 관계가 발생한다. 즉 연결은 실제적이지 않고 잠재적이 된다. 꽃병이라는 자그마한 감각적 사물이 단지 하나의 개별적인 물체로 혹은 기능으로 지각되거나 행위의 실제적 대상이기를 그치고, 우주 전체의 변화 속에 참여하여 잠재적 지속과 연결되는 것이다. 이것은 일상적 사물로서의 꽃병이 운동과는 전혀 다른 차원에서 그 물질성을 뛰어넘어 더 근원적인 사유로 확장되는 문제이다. 결국 정물 이미지에서는 시간과 사유가 감각적(시각적, 음향적)으로 직접 느껴진다.

네오리얼리즘과 오즈의 이미지에서 볼 수 있었듯이, 순수 시각적·음향적 상황은 행동보다 더 근원적인 어떤 것, 견딜 수 없는 어떤 것과 관련이 있다. 감각-행동 연쇄의 단절, 예컨대 무엇인가 보이거나 들리지만 그에 상응하는 행동으로 이어지는 명시적인 도식을 상실한 상태는 역설적이게도 행동을 넘어서는 비전이나 행동 이전의 순수 비전으로 초월한다. 그 순수비전은 로셀리니의 이미지처럼 힘없는 여인이 경험하는 화산폭발이나 낯선 광경 혹은 비참한 삶의 목격과 같은 한계상황일 수도 있고, 데 시카의 이미지처럼 간략화하거나 요약할 수 없는 과잉된 실재일수도 있으며, 안토니오니의 이미지처럼 현실과 상상 혹은 객관성과 주관성을 뚜렷이 구분할 수 없는 몽환자적 비전일 수도 있으며, 오즈의 이미지처럼 지극히 평범한 공장이나 회사 혹은 진부한 가정에 난입한 모호한 균열이나 간극일 수도 있다. 그러나 어떤 경우든 그것은 너무나 강렬해서 견딜 수도 표현할 수도 없는 초과적인 상태에 이른 잠재적 비전이며, 어디선가 들뢰즈가 말했듯이 너무도 크고 너무도 벅찬 것을 보고 들어 충혈된 두 눈과 헐어버린 고막으로 새벽을 떠나는 작가의 비전이다. 네오리얼리즘의 데카당스나 다큐멘터리즘 혹은 오즈의 일상주의는 모두가 잠재계에 닿아 있다. 뻘랑세캉스로 구현되는 사실-이미지를 창조한 네오리얼리즘은 실재 전체 또는 이미지 전체의 '주시'를 통해, 그리고 오즈는 진부하고 도식적인 일상 속에 삽입된 '간극'이라 할 정물-이미지를 통해 시간의 직접적인 지각을 제시한다. 이를 통해 작은 일상은 마치 아킬레스와 거북의 한 걸음이 그들 간에 놓인 관계 전체의 변화에 기여하듯이 잠재적 지속과의 연속성을 획득한다. 또는 안토니오니가 지적했던 '사건들의 우주적 지평'과의 동일성에 이른다. 결국 가시적인 것 저편에 은밀하게 잠재하는 실상과 이미지 전체를 투시하는 문제인 것이다. 이들 영화에서는 인물이나 관객 모두가 투시자가 되어 간다.

들뢰즈는 맑스주의 비평가들이 네오리얼리즘이나 오즈에게 가한 비판을 상기한다.(Deleuze, *Cinema 2*, 19) 구체적 현실과 주체의 행동 또는 능동적 실천을 우선적인 가치로 선호하는 맑스주의자들은 네오리얼리즘이나 오즈의 인물들이 보여주는 반동적인 측면을 비판했다. 그들은 비행동적이고, 수동적이고, 소극적이고, 신경증 환자이거나, 주변인들이거나, 혼돈스러운 시각에 사로잡혀 변혁적인 행동을 하지 못하고, 무질서하고, 방관자이며, 소외되어 있다는 것이다. 그러나 지금까지 보았듯이 도식적인 감각-운동 연쇄가 약화되고 느슨하게 풀어헤쳐진 지속-이미지는 오히려 체제를 붕괴시키는 거대한 힘을 도출해내기 위해 더 적합한 것이라고 들뢰즈는 지적한다. 시간은 체계의 동일성이 견고하게 유지될 수 없도록 하는 변화의 힘일 뿐만 아니라, 세계가 단숨에 완성되는 것을 방해하는 힘, 즉 미결정된 지연이다. 동적인 운동에 대하여 시간은 물론 정물처럼 정적이고 수동적이다. 그러나 이 반동적인 미결정성 안에서가 아니라면 어떻게 모든 결정과 창조에 대한 강요가 일어날 수 있단 말인가? 이런 이유에서 단순한 행동 도식으로부터의 이탈이란 잠재성 즉 새로움이 창조되는 근원적 환경으로의 침잠이다. 이에 따르면 영화는 정치로부터 등을 돌리고 단절한 것이 아니라, 정치와는 전혀 다른 방식으로 그 자체가 전적으로 정치적이 된 것이다.

후기

이미지의
발생과
창조적
소멸

오즈 야스지로 (小津安二郎, 1903~1963)

이미지의
발생과
창조적
소멸

　씨네마톨로지는 운동-행동이라는 이미지와 시간-지속이라는 이미지 사이를 왕복하는 가운데 발생하고 소멸하는 모든 이미지들을 그 본성적인 차이에 따라 분류하는 이론이다. 들뢰즈에 따르면 이미지는 심리적인 수준과 물질적 수준 모두에 걸쳐 있다. 이미지의 존재론적 근거는 물질 혹은 빛의 운동에 있고, 이것이 이미지의 객관적 계열을 이룬다. 그러나 물질과 빛의 운동은 두뇌가 벌려 놓은 간격 안에서 혹은 영화적으로 말해 스크린의 불투명

위에서 특정한 질서로 배열되고 편집된다. 그리하여 무한하게 발산되는 빛의 운동은 두뇌-스크린이라는 간극 위에서 지각-이미지가 되기도 하고, 행동-이미지가 되기도 하고, 때로는 정감-이미지가 되기도, 때로는 지속과 사유의 이미지가 되기도 한다. 이 특정한 형식의 배열과 편집은 다양한 영화사적 유파들을 가르는 형식적인 근거가 된다.

그러나 씨네마톨로지는 단순히 물질에서 정신에 이르는 이미지 역사의 분류가 목적은 아니다. 씨네마톨로지는 이미지의 물질사史이자 동시에 정신사이며, 이미지의 역사란 바로 그것의 창조와 소멸이 반복되는 과정의 기술이다. 그래서 들뢰즈는 수많은 영화감독과 유파의 이미지를 분류하면서, 그들이 자신만의 방식으로 창조하는 뚜렷한 이미지를 소개하는 동시에, 이미지가 다른 이미지와 뒤섞이고 용해되어 구분이 안될 만큼 모호하고도 비결정적인 상태로 이행하는 과정을 서술한다. 그것은 이미지가 창조되기 이전의 비결정적인 망설임이나 간극으로 되돌아가, 지각 가능한 상태의 현실을 지우고, 가시적인 것 이면의 잠재성을 읽어내기 위해서이다. 이 잠재적 이미지는 결국 잠재성의 최종적 형식인 시간-지속을 직접적으로 드러내는 지점까지 나아가게 될 것이다.

그렇다면 어째서 들뢰즈는 이미지를 물질인지 심리인지 명확히 구분할 수 없는 잠재성으로 되돌리는 것일까? 혹시 여기에 씨네마톨로지가 단순한 분류학을 넘어 철학적이고도 정치적인 힘으로 연장되는 지점이 있는 것은 아닐까?

우리는 세계에 적응하고 살아남기 위해, 적응할 수 있는 정도에 따라, 해결할 수 있는 능력에 따라, 취향에 따라, 처한 조건과 상황에 따라, 우리 내부에서 행동을 정교화하고 이를 구조화한다. 우리는 불쾌할 때 고개를 돌리고, 슬플 때 눈물을 흘리며, 아름다움에 동화되고, 분노에는 주먹을 쥔다. 세계는 우리 내부에서 정교해진 어떤 구조와 체계에 따라 수용되고, 우리는 그 수용된 변이에 따라 작용과 반작용의 도식에 빠진다. 상황에 반응하는 법이 내면화되면, 이제 그 내면은 세계에 대한 우리의 행동과 반응을 결정하는 감각-운동적 구조로 작동하는 것이다. 이것은 생명체의 불가피한 적응력의 전개 과정일 수도 있으며, 베르그송이 지적했듯이, 물질을 능가하기 위해 생명체가 일시적으로 물질을 닮아가는 것과 유사한 어떠한 사악한 술책일수도 있다.[1] 이런 점에서 새로움을 창조하는 은유조차 하나의 도식, 즉 A에서 B로의 재빠른 감각적 혹은 감정적 도식에 속한다. 진부해진 도식관계로 인해 형성되었던 고착된 관념이나 사물성이 전혀 새로운 외양을 찾아 떠날 때조차 또 다른 체계와 또 다른 구조를 필요로 하는 것이다. 그렇게 우리는 미리 결정되어 내면화된 틀에 따라, 사회경제적 이해관계와 이데올로기에 따라, 심리적 욕구와 물리적 강제에 따라, 행동을 암시하는 어떤 명령에 따르듯이 삶에 적합하고 흥미로운 것 외의 다른 실재는 빼고, 세계를 부분적으로만 편협하게 지각하고 판단하고 대응을 결정한다. 판에 박힌 것만을 수용하는 것이다. 이것이 감각-운동적 이미지로서의 클리셰cliché이다.

그러나 지금까지 하나의 예로서 논의했던 순수 시각적·음향적 이미지가 그랬듯이, 이 판에 박힌 감각-운동 구조가 붕괴되거나 균열이 생겼을 때, 전혀 다른 종류의 이미지가 출현할 것이다. 즉 삶에 대해 혹은 노동에 대해 우리는 더 이상 확립된 믿음이나 습관적 도식에 근거하여 항상 해 왔던 식으로, 가령 '공장은 일하는 곳'이라든가 '학교는 교육의 현장'이라고 말할 수가 없게 된다. 우리는 참을 수 없는 이미지의 과잉과 눈앞에 벌어진 실상의 감각적 폭력에 직면하여 판에 박힌 것을 넘어서는 진정한 이미지를 끄집어내야 할 강요에 이른다. 이 때문에 예술가는 자기 자신을 규정했던 지각과 기억의 모든 존재성을 소거하기도 하고(베켓의 경우), 육체와 뒤섞여 파악하기 어려우며 말할 수조차 없는 감정을 그 육체로부터 추상하기도 하고(표현주의나 서정추상의 경우), 감옥으로서의 공장과 학교 또는 은유가 아닌 문자 그대로 유형에 처해진 인간들의 끔찍한 실상을 주시하기도 하고(네오리얼리즘의 경우), 모든 운동이 제거된 정물 이미지의 기다림의 형식으로 일상적이고 진부한 대화나 행동들이 감추었던 내적 슬픔을 삭이기도 한다(오즈의 경우). 그들이 추구하는 잠재성을 향한 이미지의 소멸 운동은 삶에 필요하고 흥미로운 것만을 취함으로써 이미지 전체가 아닌 부분만을 지각하는 우리의 기만적이고 판에 박힌 악습으로부터의 단절을 꾀하는 과정이다. 들뢰즈가 실상을 투시하는 견자의 중요성을 강조했던 것도 이 때문이다. 이미지의 실상을 투시할 수 없을 때, 우리는 또 다시 클리셰의 진부함에 갇히기 때문이다.

씨네마톨로지는 우리가 이미지에서 보지 못한 모든 것, 즉 이미지를 이해관계 속에 놓기 위해 배제하고 제거해버린 것들을 복원하려는 노력이다. 이를 위해서는 오히려 이미지에 균열을 만들고, 공백과 빈 공간과 여백을 끌어들이고, 이미지의 감각적이고 행동적인 경향을 희박하고 엷게 하여, 우리가 분명하게 보았다고 확신을 가지기 위해 자의적으로 덧붙였던 것들을 제거해야만 할 것이다. 이미지의 전체를 되찾기 위해 그것을 나누고 빈 공간을 만들고 가시적인 모든 것을 소멸시켜야 하는 것이다. 강박적 프레임, 얼굴 클로즈업, 텅 비고 이탈된 공간의 이미지, 정물 등, 운동을 멈추고 고정된 쇼트가 가지는 역량을 재발견하려는 모든 영화적 노력들이 씨네마톨로지의 테마인 것은 바로 이 때문이다.

마지막으로, 이 책이 출간되는 데 도움을 주신 분들께 감사를 드린다. 항상 함께해 주는 영원한 벗 J에게 가장 먼저 고마움을 전한다. 그리고 이 책의 출간을 허락해 준 갈무리 출판사에 감사를 드리며, 특히 편집 과정에서 필자에게 조언과 도움을 주신 활동가이자 편집자인 김정연 님께 고마움을 전한다. 항상 느끼는 것이지만 이들의 상냥, 성실, 배려 …… 그 모든 요소들이 이들과의 교류와 생산을 행복하게 한다. 아울러 이 책의 근간이 되었던 〈다중지성의 정원〉 강좌에서 필자의 부족한 강의를 꾸준히 들어준 모든 수강생 여러분께도 감사를 전한다.

:: 후주

서문 : 씨네마톨로지

1. 베르그송의 철학에서 직관은 과학의 방법인 분석과는 달리 존재의 뉘앙스를 통해 실재 전체를 본다는 점에서 중요한 인식의 방법이다.

2. 퍼스의 기호학은 단순히 인간이 인위적으로 만든 기호뿐만 아니라 세계 전체를 기호체계로 간주하고 이를 분류하였다. 들뢰즈가 자신의 이미지 연구에서 분류하고 있는 모든 이미지의 체계를 퍼스의 분류체계와 견주어 나란히 논의하고 있다는 점을 주목해야 할 것이다.

3. 지각, 정감, 행동, 사유는 물질세계와 대면하여 그것을 처리, 수용, 흡수하는 능력들이며, 이들은 물질적 작용에서 구성되는 효과이다.

4. 들뢰즈의 복합어 조어법에서 자주 등장하는 하이픈("-")은 복합물을 나타내기 위한 것이다. 즉 물질-운동으로서의 이미지가 여러 과정을 거쳐 지각, 충동, 행동, 사유로 변용되어 복합물을 이룬다는 의미이다.

1장 이미지는 물질이다

1. 이 제목은 시사하는 바가 있다. 사르트르는 "이미지는 의식이다"라고 말했다. 그에 따르면 이미지는 단순히 물질의 성질이나 질료가 아니라, 조직화된 질료라는 점에서 의식이라는 것이다. 물론 그는 이미지의 역동성을 강조하기 위해서 이런 말을 썼다. 그런데 베르그송 혹은 들뢰즈는 마치 유물론자라도 된다는 듯이 "이미지는 물질이다"라고 말한다. 그러나 앞으로 보게 되겠지만 이들의 입장은 유물론을 넘어서 있다는 사실을 놓쳐서는 안 될 것이다.

2. 어떤 점에서 관념(idea)은 형(form)이다. 물질 자체에는 형이 없다. 주관이 거기에 형을 주기 때문에 사물로서, 대상으로서 존재하게 된다는 식이다. 따라서 형을 부여하는 주관이 먼저인 셈이다.

3. 베르그송은 데카르트(René Descartes)를 위시한 기계론적 유물론과 버클리(George Berkeley)의 관념론을 언급하면서 자신의 책 『물질과 기억』을 시작하는데, 여기서 그는 유물론과 관념론이 물질과 정신을 지나치게 해석했다고 둘 모두를 비판하였다.

4. 흔히 후설의 현상학(Phenomenology)을 엄밀학(strenge Wissenschaft, strict science)이라고 부른다. 우리의 일상적 의식은 순수한 상태가 아니라 삶의 필요와 욕구에 따라 입장을 가지고 있기 때문에 언제나 편견에 사로잡혀 있다. 그는 이러한 "자연적 태도"를 중화하고 판단중지(epoche)하여, 즉 데카르트의 방법적 회의처럼 결정을 유보하고 믿음의 성격을 가지는 측면을 중화시켜 순수현상으로서의 의식으로 환원하는 방법을 통해 의식의 근본적인 구조를 밝혀내고자 한다. 이렇게 해서 나온 개념이 지향성이다. 의식은 반드시 무엇인가를 지향한다. 따라서 의식과 대상, 사유주체와 세계 간의 상관관계가 정당화된다. 지향성 개념을 통해 정당화된 인간과 세계와의 근본적인 존재구조는 하이데거의 "세계-내-존재"라든가, 사르트르가 자신의 이미지론에서 언급했던 "상상력"의 존재론적 근간이 되고 있다.

5. 사르트르는 후설의 지향성 개념을 변형시켜 이미지 자체가 의식이라고 규정한다 : "이미지는 무엇인가에 대한 의식이다."(사르트르, 『상상력』, 228쪽) 현상학자들에게 이 지향성 개념이 중요한 이유는 물질적 지각과 의식을 구분하기 위해서이다. 물질적 지각은 수동적이고 수용적인 반면, 의식에서의 지향성은 대상을 향해 있고 대상에 무엇인가 작용을 가한다. 따라서 이미지란 물질적인 속성을 배제한 순수한 의식에 속하며, 지각하는 의식과 대등한 위치에서 동일한 존재론적 지위를 누리는 상상하는 의식이다. 이미지의 능동성으로 인해 의식 작용의 하나인 상상력은 물질보다 우위에 있게 되는 것이다.

6. 들뢰즈가 사르트르를 직접 언급하면서 이런 말을 한 것은 아니지만, 사르트르의 논의는 시사하는 점이 있다. 사르트르의 이미지론이 제시하는 골자는 "이미지는 의식의 활동이지 사물이 아니다"라는 주장이다.(사르트르, 『상상력』, 228쪽) 이미지는 의식이지 사물이 아니라는 규정에는 의식과 사물, 주관과 객관의 이원론이 내포되어 있다.

7. 의식이 사물과 동일하다고 말하는 듯이 보이는 이 규정은 들뢰즈의 운동−이미지론, 즉 운동과 이미지의 동일성을 논의하면서 계속해서 등장하는 말이다. 들뢰즈가 해석하는 베르그송은 내부에 머물러 있던 서구의 형이상학이 외부로 열릴 수 있도록 장을 연 장본인이다. 이미지의 개념(지속의 개념과 아울러)은 철학자들이 갖가지 수사학을 써 가며 설명하고자 했던 문제를 아주 단순하면서도 상식적이며 가멸찬 방식으로 밀어붙인 것이라 할 수 있다.

8. 현상학은 영화가 자연적 지각을 배제한다고 비판했고, 베르그송은 영화가 자연적 지각을 닮았다고 비판했던 것이다. 이를 통해 이들은 서로 지각을 바라보는 관점이 달랐음을 알 수 있다.

9. 현상학자들에게 지각은, 대상에 대해 열려 있기는 하지만, 그 자신 안에 근원적 형식 혹은 정신성을 갖추고 있는 상태이다. 이를 잘 보여주는 것이 게스탈트이다. 인간이 구름을 보면서 얼굴이나 형태를 보려고 하는 것처럼, 무형적인 상태 속에서도 형태를 보려는 자연적 지각의 속성이 있는데, 이러한 게스탈트는 지각의 형식에의 지향을 예시한다.

10. 베르그송에게 순수지각이란 순수한 정신이 아니라 기억이나 정신적 과정이 뒤섞임이 없이 순수하게 물질적인 상태의 지각을 말한다. 그는 "순수"를 다른 의미에서 쓰고 있다.

2장 간극과 따블로

1. 매순간 변하는 보편적인 운동에서는 고정된 것이 없기 때문에 윤곽선이나 형태가 있을 수 없다.

2. 창조적 지대로서의 "간극," "틈," "균열"은 들뢰즈의 다른 텍스트를 통해 "머뭇거림," "딜레마," "더듬거림"과 같은 용어들로 대체되기도 한다.

3. 심리학자들에 따르면 인간의 표상은 유년기에는 비개인적이다. 표상들은 통일되어 있지 않고 각각 자율적이다. 이후에 주관성이 능동적으로 작용하면서 이 비개인적 표상들은 육체를 하나의 중심으로 받아들이며, 이 중심을 위시하여 내부와 외부를 구분하고, 방향, 형태 등이 귀납적으로 통일된다. 따라서 관념론자들이 말하듯이 내부에서 외부로, 공간성이 없는 비연장성에서 공간적 연장성으로, 즉 표상이 사물이 되는 것이 아니다. 베르그송에 따르면 "물질 일반"이 있고, 나의 육체 역시 그 물질 일반에 단숨에 위치한다. 그러나 물질 일반에 속한 나의 육체는 스스로 중심이 되어 나 자신과 다른 이미지들을 구별하고, 마치 내가 세계의 중심인 것처럼 간주한다. 그 반대가 아닌 것이다.

4. 생각 속에 그림, 격자, 틀이 생기면 그에 맞는 것만 선별하고 나머지는 버리는 식이다. 실재로부터 자신의 틀에 맞는 것만 감산하는 것이다. 이것이 지각이다. 생명체는 자신이 가진 틀로 세계를 보게 되어 있다. 이런 의미에서 지각의 많고 적음이나 깊고 낮음은 편협의 정도와 일치한다. 들뢰즈에 따르면 영화사에서 유파들이란 이러한 틀이 만들어지는 양상의 다양성과 다르지 않다. 말하자면 물질의 운동을 가지고 지각, 정감, 충동, 행동, 사유 등의 변용된 이미지를 '구성'하는 것이 몽타주 즉 편집이다. 세계는 편집으로 구성된다. 운동-이미지를 어떻게 편집했느냐에 따라 편집 유파들이 나뉘는데, 가령, 유기적 편집, 기능주의적 편집, 정동적 편집, …… 등이 그것이다.

3장 이미지들의 변주

1. 여기서 물질의 측면과 정신의 측면을 두 개의 "지시체계"라고 명명한 것은 생소하면서도 의미심장하다. 왜냐하면 물질의 계열조차 "체계"라고 언급하고 있기 때문이다. 들뢰즈가 이렇게 쓴 이유는 물질의 측면과 정신의 측면을 각각 과학과 형이상학의 체계와 연관시켜 논의하고 있기 때문이다. 정신은 형이상학의 지시체계와 관계하고, 물질은 과학의 지시체계와 관계한다. 이러한 전제 없이 외부로서의 물질을 실재의 근거로 제시하는 것은 난센스일 것이다. 이런 점에서 들뢰즈의 이미지론을 유물론적 실재론이나 기계론적 유물론, 또는 형식적 유물론의 관점으로 환원하는 것은 잘못일 것이다.

2. 크리스탈-이미지(crystal-image)란 시간의 결정구조가 그대로 드러난 이미지, 즉 시간 전체가 결정체의 형태로 구현된 이미지를 의미한다. 따라서 크리스탈-이미지는 시간의 극단적 두 축이 동시에 공존하거나 서로 다른 두 양극이 식별불가능한 상태로 제시되는 이미지라고 말할 수 있다. 크리스탈-이미지의 예로는 갑판 위와 아래의 두 극단적인 계급이 공존하는 함선-이미지나 (페데리코 펠리니의 〈그리고 항해는 계속된다〉), 삶과 죽음이 한 방에서 결정체를 이루며 서로 교환되는 교회당-이미지(프랑소아 트뤼포의 〈녹색방〉) 등이 있으며, 대표적인 예로는 현실과 가상이 식별불가능한 거울-이미지가 있다(오손 웰즈의 〈상하이에서 온 여인〉에서 거울궁전 장면). 들뢰즈는 이 결정체 이미지를 이루는 구조나 회로를 현실태-잠재태, 밝음(투명)-어두움(불투명), 환경-배아 등으로 제시한다.

3. 들뢰즈는 다른 곳에서 두뇌를 스크린이라고 말한 적이 있는데, 어떤 점에서 세계는 이 불투명의 스크린에서 탄생한다고 말할 수 있다. 예컨대, 괴테는 색의 발생을 이 불투명으로부터 찾았다. 그에 따르면 무색의 투명한 빛이 불투명의 사물과 만났을 때 모든 색이 발생한다.

4. 감각(sense)은 물질적이고 파편적이다. 그것은 육체가 외부로부터 직접 받아들이거나 육체 내부에서 발생한다. 반면에 지각(perception)은 이 감각적 자료들을 적절한 일차적·정신적 과정을 통해 통합한 것이다. 이런 의미에서 지각은 감각보다는 주관성에 가깝다.

5. 베르그송에 따르면 삶의 필요를 반영하는 지각은 또한 "행동을 위한 준비," "기억하기 위한 하나의 기회"이며, "실재성의 정도를 실용성의 정도로 측정"한다고 말하기도 한다.

6. 지각이 물질적으로 차이가 있는지, 본성적으로 다른지의 문제는 중요하다. 이미지의 존재론적 위상과 관련이 있기 때문이다. 지각이 사물과 같다는 것은 사실의 문제보다는 권리상 그러하다는 것이 베르그송의 생각이다. 이것은 존재론적 긍정의 문제이다. 그렇지 않다면 지각이 어떻게 사물이 되고, 우리가 만지고 파악하고 느끼는 이 사물들에 대한 느낌이 사물의 느낌이라고 말할

수 있겠는가? 베르그송은 지각이 기억으로 스며들어 있고, 기억은 지각의 몸체를 통해서만 현실적이 될 수 있다고 말하면서도, 그러나 지각에는 우리를 사물로 단번에 위치시켜 주는 "현재적 직관," "실재적 직관," "직접적 직관," 즉 "순수지각"의 존재가 있음을 언급한다. 순수지각은 지각이 물질과 본성적으로 다르지 않다는 주장을 위해 필요한 것이다.

7. 현상학이었다면 지각을 "사물을 향한 지향적 의지"와 같은 식으로 설명했을 것이다.

8. 포착(捕捉)은 '파지'(把持), '파악'(把握)과 동일한 의미이며, 물질이 서로 반응하는 것도 포착에서 비롯되는 것이다. 힘을 가했을 때 돌아오는 물질적 반응은 일종의 즉자적 포착이다. 여기서 주목할 것은 총체성과 객관성을 동일한 것으로, 그리고 주관성은 부분적이고 편협한 것으로 보았다는 점이다. 이에 따라 객관성이란 모든 측면에서 무차별적인 포착이고, 주관성이란 일부만 포착하는 것이다. 지각이 이 두 면 모두를 가지고 있다면, 지각은 사물이기도 하고 동시에 정신적인 것이기도 하다.

9. 이 때 지향성은 극대화되어 앞쪽으로 혹은 대상 쪽으로 운동방향이 쏠릴 것이다. 육체뿐만 아니라 주변의 모든 이미지가 응축되어 원뿔의 꼭짓점과도 같은 첨단의 순간을 향해 돌진하는 것이다.

10. 이런 맥락에서 행동은 사유에 앞서 있으며 물질에 보다 가깝다고 말할 수 있다. 사유는 오히려 행동이 나온 후에 이 행동을 정당화하는 기능이라고도 할 수 있다. 베르그송의 이론과 멀리 있지 않은 실용주의 심리학자 윌리엄 제임스(William James)의 말처럼, 무서워서 도망가는 것이 아니라 도망가기 때문에 무섭다.

11. '이름'이란 '붙잡아두기' 위한 것이다. 되돌아와서 과거의 그것과 동일한 것임을 식별할 수 있도록 말이다. 명사는 일종의 이정표 같은 것으로, 재인식 즉 반복의 기제이다.

12. 육체 내부에서 잠재적으로 흐르는 미세한 진동과 감응들을 말한다. 행동이란 이 근원적인 진동들의 표현운동의 결과이다.

13. 이 행위들은 순수하게 물질적 운동, 즉 빛이나 소리처럼 즉자적으로 일어나는 운동이 아니라 특정한 형태를 취하고 있는 주관화된 움직임들이다. 그것은 학습의 결과이다. 동작들은 배워야 한다. 걷는 법을 배우듯이, 감각조차 학습이 필요하다. 이런 맥락에서 행위에는 주관성이 개입되어 있으며 그 결과이다.

14. 신체 내부에서 일어나는 다양한 진동과 감응들 즉 정동(affects)에 대한 내적 감각을 말한다. 베르그송은 『물질과 기억』에서 이를 "정동 감각"(affective sensation)이라고 불렀다. affection은 '감화'라고 번역되기도 한다.

15. 정감이 일어나는 생리적인 사실에 대한 더 구체적인 사항들은 더 많은 생리학적 자료들을 통해 이해되어야 할 것이다. 여기서는 간략히 그 메커니즘을 보는 것이 목적으로, 이를 통해 베르그송은 정감이 지각과 어떻게 본성적으로 다른지를 설명하고자 한다. 이에 대해서는 베르그송의 『물질과 기억』의 1장을 참고하라.

16. 감각섬유는 감각수용기라고도 부른다. 감각수용기가 순수 물리적 자극을 중추신경계에 보내면, 거기서 시간, 공간, 형태 등이 부여되어 비로소 통합된 이미지로서 지각이 된다. 이렇게 두뇌는 마치 전화국처럼 운동을 처리한다.

17. 앞으로 보게 되겠지만 베르그송의 이 규정은 정감-이미지에 대한 들뢰즈의 모든 논의의 근간이 된다.

18. 흔히 실증심리학에서는 지각의 강도가 커지면 정감이 생기고, 정감의 정도가 약해지면 지각이 일어난다는 식으로 이 둘을 구별해 왔다. 베르그송은 이것이 지각과 정감을 정도상의 차이로만 결정하는 것이라고 비판한다.

19. 흔히 이 적극성이나 자발적 능동성은 인간과 로봇을 구분하는 기준이 되기도 한다. 로봇이 그렇듯이 감정의 결여는 물질이나 기계처럼 무차별적이고 결정론적인 운동에 종속된다는 것을 의미한다. 감정의 존재는 결정론적 운동에 제동을 걸거나, 고통을 겪거나, 간극을 벌리는 능력을 의미한다.

20. 베르그송은 감각과 정념을 엄밀하게 구분해서 쓰고 있지 않다. 『물질과 기억』의 우리말 번역본에서는 affection을 "정념"으로 번역을 했기 때문에, 인용구절에서는 그대로 "정념"으로 옮겼다. 그러나 정념에는 정신적 관념의 뜻이 강하여 적절해 보이지 않는다. 이런 이유로 인용구절을 그대로 옮긴 경우 외에는 "정감"으로 썼다.

4장 이미지의 소멸

1. 지각의 소멸이나 정체성의 소멸도 이에 해당한다. 이 소멸의 목적은 '베르그송주의'의 테마와 관련이 있다. 가령, 베르그송에 따르면 제논의 역설에서 아킬레스가 거북을 추월할 수 없는 이유는 아킬레스의 운동과 거북의 운동이 동질적인 좌표(혹은 공간) 위에서 본성적인 차이를 잃어버렸기 때문이다. 아킬레스와 거북이 동질화되어 육체로 사물화됨으로써, 이 둘의 운동은 두 마리의 거북의 운동이 된 것이다. 베르그송에 따르면 이 사물성과 공간성을 지우고 아킬레스와 거북의 각각의 순수한 운동성을 복원시켰을 때, 추월도 하고 땀도 흐르며 뒤처지기도 하는 실제의 아킬레스와 거북의 운동이 나온다. 들뢰즈에게 있어 소멸의 운동이란 바로 이 본성상 차이의 복원을 의미한다. 따라서 역설적으로 소멸은 본성적 실재의 부활이다. 이러한 순수성의 추구 때문에 베르그송은 간혹 플라톤과 견주어 논의되기도 한다. 물론 그 둘은 본성적으로 다르지만 말이다.

2. 물은 컵에 담겨야 마실 수가 있다. 또 사자를 잡기 위해 사자의 이동에 따른 모든 변화(허기 상태, 근육운동, 대기 상태 등)와 그의 존재 전체를 재현할 필요가 없다. 사자를 목표지점으로서의 한 점과 그 이동 궤적으로 환원하는 것으로 충분하다. 또 선택과 판단은 비교를 필요로 하는데, 비교를 위해서는 둘 이상의 존재를 묶어줄 하나의 기준으로 동일화해야 한다. 이런 식으로 아킬레스와 거북은 좌표 위에서 두 마리의 거북으로 환원되어야 한다. 항상 많고 넘쳐흐르는 실재는 잘 요약되거나 기억하기 쉽게 축소되어야 하는 것이다. 이것이 바로 지각이 하는 일이다. 지각은 사물을 포착하고, 그 포착된 이미지 즉 단편적 이미지와 실재를 동일시한다. 그러는 가운데 실재의 흐름은 왜곡되고, 삶은 도식적이 되어간다. 고착되는 것이다. 예술이 하는 일은 이 진부하고 고착된 현실의 지움이다. 문학에서 은유가 그렇듯이, 고착된 공간성과 사물성을 소멸시켜 다른 곳으로 보내야 하는 것이다. 잠을 잘 때 뒤척이듯이 말이다.

3. 플라톤 철학은 변하지 않는 고향으로서의 영원한 이미지 즉 기원으로 회귀하려 한다는 점에서 일종의 퇴행철학이라고 할 수 있다. 반면에 이 소멸운동은 오히려 반대로 변하지 않는 영원한 것으로부터 무한한 변화의 지대로 가려 한다. 이것은 베르그송의 철학이 플라톤의 철학과 그 방법에 있어 유사한 것처럼 보이지만 근본적으로 다른 점이다.

4. 베르그송은 『창조적 진화』(262쪽)에서 고전철학이 바로 "포즈"의 이행을 통해 운동을 이해했다

고 지적한다. 이에 따르면 운동은 이행이 완결된 하나의 정점 또는 형태(form, telos, acmè)로서의 한 포즈에서 다른 포즈로의 이동이다. 따라서 실제의 운동을 설명하기 위해서는 정지된 하나의 포즈와 다른 포즈의 사이를 매개하는 개념적 절차가 삽입되어야 한다. 가령, "있음"과 "없음"의 동시적 공존이나 자기부정과 같은 모순의 개념이 그 예이다. 이러한 운동 개념의 정점을 변증법에서 찾을 수 있다. 이런 맥락에서 포즈(pose)의 상관적 매체인 사진(photography)과 컷(cut)의 상관적 매체인 포토그램(photogramme)은 양적으로나 질적으로 다르다고 해야 할 것이다. 포즈를 잡고 찍은 사진은 운동의 완결 혹은 정지 상태 속에서의 포착이라면, 필름조각은 운동하는 가운데 잘라낸 물질적 포착이라는 점에서 사진과 컷은 그 질적 위상이 다르다. 영화는 사진들의 결합이 아니다. 영화는 운동의 요약이 아니라 물질적 분석 혹은 미분이라는 점에서 현대과학의 소산이다.

5. 흐름은 지각될 수 없다는 관점에서 이 흐름을 주관화 이전의 단계라고 하자. 참고로, being을 becoming과 동의어로 쓰는 사람도 있다. 프롬(Erich Fromm)의 경우는 소유와 사물화를 having으로, 반대로 소유 불가능한 것을 being으로 간주함으로써 being과 becoming을 구분 없이 쓰고 있다. 이에 대해서는 『소유냐 존재냐』[방곤·최혁순 옮김, 범우사, 1999]의 제1장을 참조하라.

6. 지각 주체에 대한 상관적 존재성의 전형적인 예는 2차적 지시기능을 가지는 기호들일 것이다. 예를 들어, 자연물들은 자신이 아닌 다른 무언가를 지시하지 않는다. 나무는 자신 안에 존재한다. 반면에 도로 표지판이나 팻말 나아가 수를 나타내는 기호는 그 자신이 아닌 다른 존재를 지시하며, 지시하는 기능자로서만 존재할 뿐이다. 이러한 기능자로서의 존재성은 자기 자신이 아닌 타자를 내포하며, 이는 곧 지속의 배제를 의미한다. 지각은 생성과 흐름으로부터 지속이 배제되는 과정이며, 바로 이것이 지각을 부정적인 것으로 간주하게 하는 요소이다.

7. 버클리 철학에서 지각이란 감각 경험(사물의 성질, 색, 형태, 크기 등에 대한 경험)을 의미한다. 버클리의 지각론은 감각 경험 너머의 실체(substance)에 대한 데카르트나 로크 등의 믿음이 감각 경험을 부정한다는 점을 비판하기 위해 일상적 경험으로 회귀하여 사물을 지각된 경험으로 환원한 것이다. 그에 따르면 사물은 지각되는 바대로 현존하며, 의식이나 관념에 관계 맺지 않고는 현존하지 않는다. 지각될 수 있고, 감각할 수 있는 것만이 현존한다. 따라서 그 배후에 어떤 신비한 힘이나 실체는 없다. 예컨대 하나의 사과란 지각경험에 의해 포착된 색, 맛, 형태 등으로 이루어진 지각의 다발 외에 그 무엇이 아니다. 따라서 어떤 사물을 상상할 때, 그 사물을 지각하고 있는 주체도 함께 상상해야 할 것이다. 왜냐하면 사물은 그 자체로는 존재하거나 상상될 수 없고 지각되어야 하는데, 지각이란 반드시 지각자가 있기 마련이기 때문이다. 따라서 지각의 주체가 누구인지를 생각하지 않고 존재를 상상하는 것은 잘못된 것이다. 그러나 버클리의 의도는 눈에 보이면 존재하고 안 보이면 존재하지 않는다는 식의 감각결정주의는 아니다. 그의 관념론은 실재로서의 사물 자체를 인정하지 않는 것이 아니라, 지각되지 않는 것은 알 수 없다는 것이다. 버클리의 분석을 비유물론적 논증이라고 하는데, 그가 유물론을 비판하면서 부정했던 것은 감각적으로 경험가능한 대상으로서의 물질이 아니라 형이상학적 실체로서의 물질이었다. 그에 따르면 일정한 절차에 따라 지각될 '가능성'(신의 지각)이 있는 것은 여전히 존재한다 : "여전히 말은 마구간에 있고, 성경은 서재에 있다."(Berkeley, *Principles of Human Knowledge*, § 3)

8. 이와 관련한 예로, 미켈란젤로 안토니오니(Michelangelo Antonioni)의 영화 〈욕망〉(Blow Up)에는 흥미로운 장면이 나온다. 사진가인 주인공 남자와 그의 화가 친구의 대화가 그것이다. 형태를 알아볼 수 없는 추상화한 점을 주인공이 보며 도무지 이해할 수 없다고 하자, 화가 친구는 중심과 기준이 정해지면 그 다음부터는 아주 쉬워진다며 그림의 아무 곳을 가리키면서 "여기가 다리이고, 여기는 팔이야"라고 말해 준다. 중심은 불안을 없애주고, 안정감, 안도감을 가져다준다. 기댈 곳이 있다는 것은 곧 행복감을 뜻한다.

9. 어린아이는 망막과 같은 눈-기관이 냉각되어 단단해지기 전에는 사물의 윤곽선을 구별할 수가 없다. 나아가 형태를 지각할 수 있는 감각적 학습을 거쳐야만 비로소 형태를 지각할 수가 있다.

10. 흔히 음악을 듣거나 글을 읽을 때 쉽고 친숙한 것을 선호한다. 추상적이거나 난해하거나 이해하기 어려우면 짜증을 내고 불안해한다. 일종의 삶에의 위협을 느끼는 것이다. 경험에 있어 지배할 수 없음, 재현할 수 없음, 표현할 수 없음을 실감하면서 무능력을 경험하기 때문이다. 때로는 이 무능력을 투사하여 소통 운운하면서 작곡가나 작가를 비난하기도 한다. 그러나 이 비난과 불평은 위급해진 안도감의 항변이며, 방해 받은 편안한 잠의 자기보존 노력일 뿐이다. 이런 이유 때문에 예술가들은 더더욱 의도적으로 낯설어지고 기괴해져 간다.

11. 지각이 윤곽선을 그리는 경향이 있고 안정된 프레임과 형태를 추구한다는 것은 삶의 필요에 기인한다. 지각은 행동을 위한 예비적 실행인데, 행동 자체가 사물의 구체화이기도 하지만, 행동은 사물의 구체적 형태를 조건으로 한다. 삶은 도식과 형태의 강요이자 추구이다. 그러나 삶의 이러한 측면은 또한 삶의 불가능을 함축하고 있다는 점에서 아이러니하다.

12. 이 영화는 버스터 키튼(Buster Keaton)이 주연을 했고, 베켓이 시나리오를 썼으며, 알란 슈나이더(Alan Schneider)라는 미국의 연출가가 연출하였다. 슈나이더는 베켓과 개인적으로도 친분이 두터우며, 베켓과 자신에 관한 책까지 쓴 사람으로, 베켓의 유명한 『고도를 기다리며』(Waiting for Godot)의 미국 초연을 연출했던 것으로 알려져 있다. 이 영화의 촬영은 그 유명한 지가 베르토프(Dziga Vertov)의 동생인 보리스 카우프만(Boris Kaufman)이 했다. 들뢰즈는 다른 책에서 이 영화를 "가장 위대한 아일랜드 영화"라고 칭찬하였다(Deleuze, Essays : Critical & Clinical, 23). 자신의 이론에 잘 맞는 영상과 주제를 담고 있기 때문일 것이다. 베켓은 아일랜드 사람이지만 활동은 주로 프랑스에서 불어로 했다. 베켓의 극은 문학작품으로서 대본만 보면 재미없다. 말 자체를 이해하기도 어려울 뿐만 아니라 드라마의 단순한 구조로 인해 단조롭기 때문이다. 그러나 직접 무대에 연출한 작품을 보면 굉장한 아우라가 있다. 기괴한 무대배치, 인물들의 독특한 움직임과 비현실적 대사들, …… 언어 서술적으로 이해하는 드라마가 아니라, 아르토(Atonin Artaud)의 "잔혹극"이라는 표현에 견줄 만한 '느껴지는 드라마'(affective drama)라고 할 수 있다. 잘 알려진 그의 주제들은 주로 '언어를 벗어나는 문제', '육체를 벗어나는 문제', '무형적인 상태로 나아가는 문제' 등이며, 파편적이고 분열증적이고 부조리한 유럽의 현대적 감정을 잘 드러내는 작가이다. 인상적으로 보면, 그의 예술은 카프카(Franz Kafka)의 예술과 많은 부분에서 유사한 점이 있으며, 무언극 형식의 시각적 구성은 한국의 영화감독 김기덕과도 견주어 논의할 만한 측면이 있다.

13. 마치 데카르트가 방법적 회의를 하면서 의심되는 모든 것을 지워가다 보니 궁극적으로 자기 자신이 생각하고 있다는 사실 자체는 의심할 수 없었던 것처럼, 지각을 모두 지운다 해도 살아 있는

한에서는 자기 자신의 지각, 자기를 느끼는 지각은 여전히 남아 있을 것이다. 데카르트가 주체의 발생지점을 사유에 두었다면, 버클리는 그 발생지점을 지각에 두었다고 할까?

14. 개인성이 소멸되면서 비개인적(impersonal) 상태로 들어가는 것인데, 여기서 "나"라는 관념은 존재하지 않을 것이다. 그러나 들뢰즈에게 있어 소멸의 개념이 순수하게 물질적 상태, 무기물의 상태로의 회귀라고 이해해서는 안 된다. 소멸을 통한 궁극적 열림은 단지 물질적 반복이라는 폐쇄적 회로에 갇히는 것이 아니라 순수 차이에 도달하는 문제이기 때문이다.

15. 베르그송 그리고 들뢰즈의 이미지론에서 "미결정의 중심"이란 두뇌, 육체, 생명체, 나아가 지각의 중심을 의미한다. 이것은 결정론적으로 주어진 것은 아니지만, 운동 중에 우발적으로 중심을 이룬다는 말이다. 그리고 "방해"라는 용어를 쓴 이유는, 이 미결정의 중심이 어떠한 억압이나 틀(구조)과 관련이 있음을 암시하고 있다. 그리고 "모태"라는 용어는 마치 근원적 고향으로 간다는 뜻으로 보이지만, 이것은 플라톤 식의 관념적 모태가 아니라 물질적 모태, 더 정확히는 근원적 차이로서의 흐름을 말한다.

16. 행동-이미지를 규정하는 여러 술어들이 가능할 것이다. 가령, 공간의 이동, 세트의 변화, 인물의 이동, 카메라의 이동 등. 그러나 무엇보다도 행동-이미지를 규정하는 것은 이미지 전체의 휘어짐일 것이다. 지각-이미지를 규정하는 것이 수축이라면, 행동-이미지는 대상으로의 만곡이다. 그것은 물질 흐름으로서의 음성이 구강의 기관-육체와 조음하고 분절되어 의미로 현실화하는 과정과 닮아 있다. 행동-이미지가 운동-이미지와 다른 점은 이와 같이 카메라의 초점에 의해 실행되는 수축에 있다 할 것이다. 이미지의 만곡이란 수축의 실행으로서, 여기서는 주시하고, 따라다니며, 그 경향성이 대상을 향해 있다. 행동-이미지와 지각-이미지는 함께 공존하는데, 행동-이미지 속에서 우리는 인물을 지각하고, 인물의 행동도 지각하며, 건물, 복도, 방안, 모두를 지각한다.

17. 여기서 보호각이란 얼굴이 드러나지 않는 범위를 말한다. 다르게 말해 보호각은 실재의 수용 폭을 의미한다. 행동성에 사로잡힌 육체는 실재를 지각하는 폭이 협소하게 수축되어 있고, 지각에서는 다소 이완되어 있다. 가령, 거리에서 카메라의 보호각은 45°인 반면, 방 안에서의 지각-이미지는 90도가 되는 식이다. 행동은 대상의 한 점을 향해 곤두박질치는 것처럼 이루어지는 반면, 지각에서는 대상 전체를 훑는다는 점에서 실재의 수용 폭은 이완되어 있는 것이다. 나중에 다시 언급하겠지만, 정감-이미지에서는 앵글이 사라지고 얼굴 전체가 제시될 것이다.

18. 뒤에 가서 다시 논의하겠지만, 정감-이미지는 주로 클로즈업이나 얼굴을 통해 드러난다. 얼굴이나 확대된 사물은 지각의 대상이 아니라 느껴지는 그 무엇이다. 그 사물이 나를 압도할지도 모른다는 위협감, 빨리 들어갈지도 모른다는 황홀감, …… 사물의 비정상적 확대는 그 사물에 대해 비범한 감정을 느끼게 한다. 에이젠슈타인이 그리피스와 자신의 클로즈업을 비교하면서 언급하고자 했던 것이 바로 이 비범한 감정이었다. 이에 대해서는 에이젠슈타인 『영화의 형식과 몽타쥬』[정일몽 옮김, 영화진흥공사, 1990] p. 235 이하를 참조하라.

19. 들뢰즈는 베켓의 의도가 썩 잘 표현된 것은 아니라고 지적한다. 자기 자신에 의한 자기의 지각이라는 이 이례적인 이미지를 이 작품에서는 또 다른 자아를 출연시켜 다소 도식적으로 표현하고 있기 때문이다.

20. 표현운동은 우리 몸 중에서 가장 부드러우면서도 가장 수동적인(부동하는) 얼굴에서 드러난다.

21. 질적으로는 동일하고 양적으로만 다른 공간적 관계는 좌표상 점들의 관계와 같다. 좌표 위의 점들은 위치나 양만 다를 뿐 질적으로는 동일하다. 이들은 서로 비교가 가능하고, 서로를 대체할 수 있으며, 그 관계에 있어 상대적이다. 베르그송이 아킬레스와 거북의 경주를 통해 "운동의 궤적"(공간)과 "운동 그 자체"를 분리해야 한다고 주장했을 때, 그가 의도했던 것은 바로 절대적이고 비교 불가능한 체계로서의 질적 차이였다.

22. 결국 공간성의 소멸은 베르그송주의자로서 들뢰즈 예술론의 본질적 주제라고 할 수 있다. 소멸은 새로움의 열림을 뜻하는 것이다. 그러나 여기서 새로움이란 무엇인가? 베르그송주의에서 아킬레스와 거북의 본성적 차이에 관한 논의의 중요성이 여기에 있다. 새로움이란 다름 아닌 잠재태의 현시, 다르게 말해 본성적 차이의 현시일 것이다.

23. 사물의 이름은 우리 자신이 정한 것임에도 불구하고, 우리는 사물의 이름만 알아도 그 대상을 파악하고 있다고 생각하는 경향이 있다. 이건 다알리아야! 이건 카프카의 『변신』이야! 저건 하늘이야! 그러면서 우리는 논쟁을 하든, 대화를 하든, 흥정을 하든, 이미 알고 있었던 것을 다시 확인하고 재인지 하는 데 시간을 허비하며 인지의 만족감을 위해 투쟁한다.

24. 사물의 존재는 그것을 이루는 성질, 크기, 색, 맛과 같은 지각의 다발이다. 그리고 이는 지각으로 파악할 수 있는 것이므로, 지각은 존재의 증거이다.

25. 들뢰즈가 언급하는 '죽음'은 생물학적 차원에서의 죽음이 아니라 윤리적, 철학적 차원의 죽음을 말한다. 같은 맥락에서 들뢰즈는 스피노자(Benedict de Spinoza)에 관한 한 연구에서 생물학적 의미에서 죽음이란 존재하지 않으며, 죽음 자체가 이미 윤리적인 문제라고 지적한 바가 있다. 이에 대해서는 『스피노자의 실천철학』(*Spinoza's Practical Philosophy*)을 참조하라.

26. 인용된 이 구절은 들뢰즈의 책 『베르그송주의』의 후반부 주제와 공명한다. 그의 이론의 결론이나 목적이라는 말이 아니라, 직관의 깊이의 극단을 보여준다는 점에서 말이다. 들뢰즈는 이 주제를 신비주의에 견주어 논의하면서, 신비주의를 긍정한다.

5장 자유간접주관성

1. 육체-중심은 의식을 지칭하기도 하고 생명체를 지칭하기도 한다. 그것은 무차별적으로 상호작용하는 운동-이미지와 다르게 미결정적인 중심을 가지고 모든 이미지를 이 중심에 결부시킨다는 점에서 상대적 체계이다.

2. 이 용어처리가 이미 문제가 많은 것이다. 무형의 생성으로서 물질-빛이 먼저 있고, 거기서 특별한 이미지를 선택한 결과로서 한 그루의 나무가 존재하는 것인데, 우리는 생성의 결과인 이름을 주어에 놓고, 그것이 먼저 나오는 것처럼 말을 한다. 그런 점에서 코기토(Cogito)의 문제는, 생각한다는 것이 아니라 생각하는 주체인 "나"가 먼저 존재한다고 상정한 그 전제에 있다.

3. 지각은 실제로는 복합적이며, 의식 혹은 기억과 뒤섞여 있다. 그러나 지각의 권리상 의식과는 본성적으로 다른 물질적 측면이 있어야 하는데, 그것이 바로 베르그송이 발명(!)한 순수지각이다. 베르그송에 따르면 순수지각은 운동-이미지가 육체의 자발적이고 자율적인 운동에 의해 반사되는 효과, 신기루 같은 것이다. 육체-중심의 움직임에 따라 거울에 반사되듯이 빛-물질-흐름이 이 육체에 반영되는 것이다. 두뇌가 이 순수지각에 틈을 벌려 놓으면 기억이 그 사이에 들어가 시간, 공간, 형태 등이 부여되어 지각을 완성할 것이다. 이를 지각의 수축 혹은 종합이라고 부른다.

그래서 실제의 지각은 기억과 순수지각이 삼투압처럼 서로 상호 침투하는 상태라고 할 수 있다. 이에 대해서는 베르그송의 저서 『물질과 기억』 제1장을 참조하라.

4. 사물의 객관적 상태가 과학의 영역에 속한다면, 그 주관적 상태는 예술의 영역, 나아가 형이상학의 영역에 속한다. 이 두 체계는 이미 운동-이미지 안에 내재된 두 개의 지시체계일 뿐만 아니라, 주관주의적 경향과 객관주의적 경향이라는 두 개의 편집 유파로서 영화사 전체를 통해 진화한다. 들뢰즈의 영화이론 역시 이 두 경향의 본성적 차이를 다양한 관점에서 분류하고 긍정하는 것을 주요한 절차로 삼는다.

5. 예를 든 이 장면은 에른스트 루비치(Ernst Lubitsch)의 영화 〈내가 죽인 남자〉(The Man I Killed)의 첫 시퀀스에 등장한다. 그러나 이 작품에서는 다리 사이로 군대행렬을 바라보는 앉은 뱅이가 나오는 장면이 없어, 들뢰즈가 든 예는 적절치 않아 보인다. 그럼에도 불구하고 논의의 요점은 객관적 이미지가 주관적 이미지로 전환될 가능성에 관한 것으로 큰 문제는 없다. 어떤 점에서 불구자의 다리 사이로 보이는 이 변태적 구도는 오히려 화면에 나오는 그 불구자의 관점을 주관화하고 있는 것이라고 보아야 할 것이다.

6. 이 예는 홍상수의 영화 〈오! 수정〉에 나온다. 이 작품에는 영화감독인 영수와 운전기사가 싸우고 있는 광경이 두 번 등장하는데, 첫 번째는 영수가 운전기사보다 큰 키를 과시하며 화해를 청하는 것으로 나오는 반면, 두 번째는 영수가 운전기사에게 모욕적으로 두들겨 맞는 것으로 나온다. 이 두 번째 광경에서는 수정이 엿보는 장면이 삽입된다. 이 작품에서는 이렇게 비슷한 장면들이 반복되는데, 이 반복은 동일한 사건을 인물들의 여러 새로운 관점으로 제시함으로써 영화를 관점들의 유희로 채우고 있다.

7. 연속편집 혹은 매치편집이란 영상에서 카메라가 관객에게 느껴지지 않도록 하기 위해, 카메라의 운동을 은폐하는 편집방식을 말한다. 즉 쇼트와 쇼트는 논리적으로나 감각적으로나 연속성을 이루어야 하며, 생략이나 비약은 연속성을 파괴하기 때문에 지양되어야 한다. 가령, 공간적 관계의 일관성을 위해 카메라와 피사체 사이에 가상적으로 설정된 180도 선을 넘지 않는 180도 규칙이나, 대화 장면에서 이미지의 통일을 위해 쇼트/역쇼트를 사용하여 인물과 인물 그리고 인물과 관객의 시선을 일치시키는 방식 등이 이에 속한다. 이런 경우 관객은 영상의 허구적 세계에 자발적으로 동화되어 의심 없이 현실로 받아들이게 된다. 영상의 현실적 환영을 내면화할 수가 있는 것이다. 이러한 편집을 혹자들은 "봉합"(suture)이라고 불렀으며, 그로부터 이데올로기적 특질을 논의하였다[장-피에르 우다르(Jean-Pierre Oudart), 다니엘 다이안(Daniel Dayan) 등의 봉합이론가들이 그 예이다].

8. 고공을 활공하며 지상을 바라보거나 크레인에 매달려서 공중을 유영하거나 몽타주에 의해 삭둑 잘린 이미지들은 인간의 지각이 아니다.

9. 현대영화에서 이러한 카메라 운동을 흔하게 접할 수 있다. 가령, 르느아르의 〈게임의 법칙〉에서는 카메라가 달려가고 있는 인물을 쫓아가다가 그와는 다른 쪽 방향으로 달려가 그 인물이 도착하는 지점에 미리 가서 그를 기다린다. 인물에 의해 카메라가 소외되는 경우도 있다. 가령, 홍상수의 〈극장전〉에서는 한 인물이 극장 앞에서 광고판을 바라보고 있다. 카메라는 그를 보여주고 나서 그가 바라보는 광고판을 보여준다. 그리고 다시 인물을 보여주려 하자, 인물은 이미 극장 안으로 들어가고 없다. 베켓의 〈영화〉에서도 이와 유사한 운동이 있다. 주인공이 계단을 오르려 하

자, 위에서 한 노파가 내려온다. 주인공은 옆으로 자신의 몸을 숨기고, 카메라는 그 노파를 보여주는데, 노파는 카메라를 보며 쓰러진다. 이제 카메라는 주인공을 찾지만 그는 이미 계단 위로 올라가고 없다. 카메라와 인물은 서로 소외되어 서로를 따돌리고 있는 것이다. 이렇게 카메라는 더 이상 객관성이나 주관성에만 고착되어 있지 않고, 자신의 고유한 관점을 가지게 된 것이다.

10. 세계 속에 직접 들어가 살아가고 있는 인간(현존재, Dasein)은 세계를 대상으로 사유할 때조차 세계 내 다른 존재자들을 지향하고 관심을 가지며 접촉한다. 그렇기 때문에 인간은 항상 자신과는 무관한 다른 존재와 함께 공존하는 것으로서의 "공존재"에 의해 형성된다. 간단히 말해 사유의 주체로서 혹은 단독자로서의 인간은 이미 공존재라고 하는 선험적 구조 속에서의 실재 이외에 그 무엇도 아니다.

11. 직접화법의 "이런 식으로 살지 않을 거야"에서 생생한 발화의 질적 정동(qualitative affects)이 여기서는 간접화법의 객관적 서술에 중화되어 서술자의 발화와 인물의 발화가 동질화되고 있다. 이 객관적 진술에서는 듣는 청자 또한 진술에 동화된다. 간접화법에서는 주로 "서술자 동사"를 쓰고, 복문이 대부분이기 때문에 인도유럽어족에서는 관계사(that, que 등)가 나온다.

12. 위에서는 주로 초창기 고전영화들을 언급했는데, 파졸리니는 안토니오니, 베르톨루치(Bernardo Bertolucci), 고다르(Jean-Luc Godard), 그리고 자기 자신 등 네오리얼리즘이나 누벨바그 영화들을 언급한다. 들뢰즈는 지각-이미지 자체가 가지는 이러한 자유간접성을 언급했지만, 파졸리니의 경우는 현대영화를 특징짓는 것으로 이를 언급한 것이다.

13. 이런 경우도 생각해 볼 수 있을 것이다. "톰은 무엇인가를 보았다. 그는 가까이에서 보기 위해 다가갔다. 그것은 돈이었다." 마지막 문장은 인물의 관점인지, 서술자의 관점인지 알기 어렵다. 이런 경우 자유간접화법은 발화상황이나 맥락 속에서만 파악할 수가 있다. 고유한 언어적 표지가 없기 때문에, 통사적으로 자율성을 유지하는 명시적인 기준이 없기 때문에 문맥 의존적이라 할 수 있다.

14. 종래의 구조주의나 생성문법과 같은 이성 중심적 언어학은 하나의 발화에는 하나의 주체가 있어야 한다는 관점을 견지한다. 그러나 실제 언어는 타인의 말을 전달한다든가, 아이러니를 사용한다든가, 부정법을 쓴다든가 하여 진술 주체들이 상관적이기 때문에 주체의 세분화가 필요하다. 이를 잘 보여주는 것이 바로 자유간접화법이었다. 그것은 반은 서술자의 말, 반은 타자의 말로, 양자가 동시에 말하는 방식이다. 하나의 구문 속에 엇갈린 두 개의 지향, 두 개의 목소리, 두 개의 강도와 경향성이 보존되어 있는 것이다. 이러한 다성적 언어이론을 주장한 바흐찐(Mikhail Bahktin)은 소설작품 속에서의 발화를 진술 문장과 그 문장이 위치한 문맥으로 규정함으로써, 하나의 발화를 구조적 추상이 아닌 실제의 화용론적 관점에서 보았다. 이러한 세분화는 이후 뒤크로(Oswald Ducrot)에 이르러 화자를 둘로 나누게 되는데, 그는 발화체를 생산한 화자(locuteur)와 언술 내 행위(acte illocutoire)의 주체인 발화자(énonciateur)로 구분하고, 대화 상대자 역시 둘로 나누어, 화자의 상대자인 대화자(allocutaire)와 발화자의 상대자인 발화행위 수신자(destinataire) 등으로 구분한다.

15. 들뢰즈는 바흐찐이 든 예를 사용하였다 : "그녀는 온 힘을 모았다 : 그녀는 순결을 잃을 바에야 차라리 고문을 견딜 것이다."(Elle rassemble son énergie : elle souffrira plutôt la torture que perdre sa virginité.)(Deleuze, *Cinema 1*, 72) 이 예문에서 알 수 있듯이, 인물의 내적인 상태가

외적으로 묘사되고 있다. 진술의 내용은 차라리 고문을 견디겠다고 하는 그녀 자신의 내면적인 다짐이며, 겉으로 알 수 있는 행위가 아니다. 그럼에도 그녀의 주관성이 화면에 등장하는 어떤 외관인 것처럼 설명하고 있다. 직접화법의 직관적 감정적 진술이 간접화법의 분석적 객관적 진술과 뒤섞인 것이다. 바흐찐에 따르면 이러한 진술방식은 러시아어에서 두드러지는데, 그것은 사회가 합리화 시대를 겪지 않은 전통적 언어방식과 현대의 합리적인 언어방식의 갑작스러운 결합에서 오는 현상이라고 지적한다.

16. 제임스 조이스(James Joyce)의 『젊은 예술가의 초상』(*A Portrait of the Artist as a Young Man*)에서 주인공의 삼촌에 대한 묘사에서 쓰였다고 하여, 이를 "찰스 삼촌의 원리"(The principle of Uncle Charles)라고도 부른다.

17. 파졸리니는 이런 식으로 만들어진 영화를 "시적영화"(Il Cinema di Poesia)라고 불렀다. 시적 영화는 산문적 영화와 대립된다. 그에게 "산문적"이란 이성적이고 통사적인, 즉 하나의 진술주체에 의해 중화된 언어를 일컫는다. 그와 달리 "시적"이란 타자의 언어가 생생하게 침투하여 비통사적이고 비이성적인 언어, 다시 말해 이미지에 근거한 근원적 신화적 언어를 말한다. 따라서 타자의 언어가 공존하는 자유간접화법은 그의 시적영화를 규정하기에 충분하다. 들뢰즈에 따르면 파졸리니는 "자연주의자"(Naturalism)는 아니다. 그러나 그에게 영화는 자연주의적 모방의 가장 적합한 매체인데, 이것은 동질화된 언어의 재현이 아니라 동물적이고 거친 이미지에 입각한 비문법적 이미지의 재현을 영화가 잘 구현하기 때문이다.

18. 볼로쉬노프(Vološinov, V. N.)는 토블러(Tobler)가 자유간접화법에 대하여 내린 정의(두 진술 체계의 결합이라는)를 비판하는 논리로 이러한 역동성을 논증하였다. 이에 대해서는 그의 책 *Marxism and The Philosophy of Language*, p. 142쪽을 보라. 종래에는 자유간접화법을 직접화법과 간접화법의 특수한 혼합물이라고 규정했다. 그러나 이 규정은 이상하다. 두 개의 서로 다른 화법이 어떻게 결합된 것인지 그 발생적 근거가 확실치 않기 때문이다. 바흐찐에 따르면 두 정형화된 진술체계의 단순한 결합으로 이를 설명하는 것은 언어의 역동을 파악하지 못한 결과이다. 그는 자유간접화법이 두 진술체계가 산술적으로 더해지거나 기계적으로 혼합된 것이 아니라, 한 발화자가 타인의 발화를 능동적으로 이해하는 완전히 새로운 진술방식, 즉 서술담론과 보고담론의 상관적 작용의 특유한 형태라고 설명한다. 이것은 한 체계 내에서의 두 목소리의 삼투작용, 혹은 하나의 발화에 여러 주체의 가능성으로서의 "다성"(polyphonie)이다. 이러한 견해는 그의 잘 알려진 "대화주의"(dialogisme)에 기반한다. 언어는 추상적 구조가 아니라 역동적 상호작용을 통해 변화하고 진화하는 구체적 사건이다. 따라서 모든 담화는 타자의 담화와 관점이 들어와 반향되는 대화적 현상이다. 들뢰즈 역시 바흐찐의 견해에 동의한다. 들뢰즈에 따르면 자유간접화법은 하나의 주체의 분할, 한 체계 내에서의 진술의 분화, 주체화 과정, 즉 언어적 코기토라고 할 수 있다.

19. 이런 점에서 자유간접화법은 실제 소통의 문제이지 언어학적 체계에 속하지 않는다. 파졸리니가 이것을 스타일의 문제 혹은 영화의 문제로 본 이유가 여기에 있다. 언어학은 모든 범주들을 통사체계로 흡수한다. 그리고 이 체계를 벗어나게 되면 더 이상 언어적 지각은 불가능해진다. 여기에 의미론(semantics)과 화용론(pragmatics)의 본성적 차이가 있다. 가령, 아이러니(irony)나 패러디(parody)를 생각해 보라. 아이러니와 패러디의 동일적 진술 주체는 누구인가? 이러한 진

술주체의 다(多)음성적 현상은 통사론이나 의미론의 체계로는 설명하기 어렵다.

20. 어떤 점에서 자유간접주관성은 작가의 필연적 조건인지도 모른다. 작가 자신의 개성과 개인의 관점으로부터 벗어나 타자의 내면으로 들어가야 한다는 점에서 작가는 다성적 분열의 주체화 과정 속에 있다. 파졸리니는 이것을 계급의식이라고 보았다. 그리고 이를 최초로 보여준 작가가 바로 단테라고 생각했다. 그에 따르면 단테는 민중들의 구어뿐만 아니라, 종교-문화어로서의 라틴어, 부르주아의 피렌체어 등으로 파고들어 그들의 언어를 자신의 발화 속에서 활용하는데, 이는 그가 사회의 다양한 범주에 대한 분명한 의식이 있었음을 말해 순다는 것이나. 계급의식의 개념에서 문제가 되는 것은 바로 체계의 혼종성인 것이다.

21. 들뢰즈는 프루스트(Marcel Proust)에 관한 논문에서 이를 "막힌 관들의 횡단적 소통"이라고 불렀다. 이에 대해서는 *Proust and Signs* 2부 9장, p.116 [『프루스트와 기호들』, 서동욱 옮김, 민음사, 1997] 이하를 참고하라.

22. 합리주의적인 것을 추구하는 자본주의는 논리적인 내러티브 체계를 통해 그 이데올로기를 정당화한다. 파졸리니의 시적영화는 논리적인 내러티브를 수동적으로 따라가게 하는 관습적인 영화나 산문적인 영화와 대립한다. 내러티브의 논리적 기능에서 자유로운 시적영화는 내러티브에서 산출되는 인과적 시간보다는 이미지(파편적, 비논리적, 비산문적) 그 자체에 집중하게 만들면서, 질서를 문제 삼고 파괴하거나 새로운 질서로 재구성한다.

23. 지각-이미지에 관한 들뢰즈의 논의의 핵심은 영화의 자기의식, 즉 지각에서 주체로의 탄생을 설명하려는 것이다. 그리고 이러한 주제에 네오리얼리즘이나 누벨바그는 좋은 자료를 제공해 준다. 네오리얼리즘과 누벨바그는 이전의 리얼리즘 경향과는 달리 영화 그 자체를 사유하기 시작한 유파들이다. 이들은 "영화란 무엇인가?" "영화적 시선이란 무엇인가?" "영화가 문학이나 미술 심지어 사진과 본성적으로 다른 것이 무엇인가?"와 같은 문제를 고민했다.

24. 영화의 자율적 주체를 추구하는 방식을 제시하면서 파졸리니가 논의하는 '시적영화'는 곧 '예술가의 비전'에 관한 논의라고 할 수 있다. 간혹 우리는 어떤 생각에 빠지거나 몽롱한 정신상태 속에서 사물을 바라볼 때가 있다. 대화를 하다가 혹은 다른 일을 하다가 혹은 가만히 있는 동안 말이다. 이것은 일종의 신경증적 비전과도 같은 순간인데, 이 때 우리의 시선은 특정 사물을 주시하거나 그 사물의 세부에 주목하면서 손톱을 뜯는다든가 뭔가를 만지작거린다. 그러나 시선의 포커스는 그 사물에 있지 않다. 이렇게 시적 비전에 빠진 경우 사물들은 흐릿하게 보이고, 객관성과 주관성이 교묘하게 뒤섞여 있는 일탈적 상황을 경험하게 된다. 이 때 얼굴은 하얗게 비워지고, 긴장이 사라지며, 질적인 변화가 없지만, 그렇다고 어떤 대상을 강렬하게 추구하는 것도 아닌 일시적 착란상태(delirium)가 된다. 파졸리니에게 시적비전이란 문법 이전의 비전이며, 인지나 인식 이전의 모호한 상태의 지각이다. 여기서 예술가나 작가의 주관성은 현실에 어설프게 혹은 건성으로 걸쳐 있는 상태가 된다. 파졸리니는 이를 "거짓 객관성"(false objectivism)이라고 불렀으며, 이 과정에 의해 신비화된 주관성이 자유간접주관성이며, 이를 지배적으로 보여주는 영화가 시적영화이다. 즉 시적영화란 작가 자신의 시적비전을 드러내는 영화이다.

6장 얼굴과 정감

1. 얼굴(face) 자체가 이미 클로즈업의 한 결과이면서 클로즈업을 구성한다. 얼굴은 가까이 또는 크

게 볼 수밖에 없기 때문이다. 어떤 대상을 거리를 두고 보는 것은 그 대상의 얼굴이 아니라 물적 상태, 그리고 그것이 공간적으로 위치한 좌표 내에서의 현실적 위상, 그리고 그것의 운동 양태를 파악하는 것이다. 대상의 구체적 지각에는 거리가 필요하다. 반면에 그 대상을 가까이, 크게 보는 것은 그것의 얼굴성, 표정, 특질의 파악과 관련이 있다. 이런 의미에서 얼굴은 이미 클로즈업의 결과이면서 클로즈업의 구성이다.

2. 데카르트는 정념(passion)을 논하면서, 그것이 영혼과 육체의 뒤섞임 상태라고 정의한다. 그는 『정념론』첫 부분에서 신체의 운동 메커니즘을 설명한다. 뇌, 신경, 근육, …… 등이 혈액의 흐름 이나 동물정기(esprits animaux)의 흐름과 결합하여 정념이 발생한다고 하면서, 그 신체 활동을 "시계의 운동이 오로지 태엽의 힘과 톱니바퀴의 형태에 의해 생기는 것"에 비유한다.(『정념론』, 403쪽) 들뢰즈는 이를 표현운동과 같이 논의하는 것이다.

3. 얼굴의 두 축은 정감-이미지의 핵심적인 구조인데, 앞서 논의했던 베켓의 〈영화〉에서 주인공의 강렬한 얼굴과 그의 더블의 무표정한 얼굴을 생각해 보라. 참고로 영어에서 face는 "얼굴"을 뜻하 기도 하고, "시계의 판"을 뜻하기도 한다.

4. 베르그송이 말한 "통각"이나 "정감"의 개념은 상대적 부동성(수동성)에 사로잡힌 감각요소들의 능동적 경향(운동경향)이다. 수동성(passivity)을 고통으로 느낀다는 것은 부동성에 사로잡힌 상태 속에서의 능동성이다. 여기서 부동성과 능동이 공존하면서 서스펜스를 이룬다.

5. 반영하는 표면과 미립자 운동의 통일체는 자동차의 계기판(콘솔)이나 다이아그램이 좋은 예라 고 할 수 있다. 실질적인 운동이 있고, 이 운동을 추상적 형식으로 표현하는 판이 있는 것이다. 얼 굴은 일종의 추상기계가 된다.

6. 대체적으로 다섯 가지 범주가 있는데 다음과 같다 : 선적인(linearly) 유형과 회화적인 (painterly) 유형, 평면(plane) 유형과 만곡(recession) 유형, 폐쇄된 형식(tectonic form)과 개 방 형식(a-tectonic form), 단일성(unity)과 다양성(multiplicity), 명료(clearness)와 불명료 (unclearness) 등이 있다. 전자에 속한 형식은 정적인 스타일(static style)을 이루며 15세기 르네 상스기의 고전주의에 속한다면, 후자는 복잡한 스타일(complex style)이며 16세기 바로크에 속 한다. 또한 그는 민족적 도식(racial schema)으로 이를 구분하기도 하는데, 전자는 이탈리아나 북유럽(nordic)에 속한다면, 후자는 독일고딕(germanic)과 라틴 문화에 속한다. 뵐플린은 이 두 스타일이 역사적으로 순환한다고 주장했지만, 주로 후자를 중심으로 설명하고 있으며, 전자에 대해서는 구체적인 언급이 없기 때문에 편향적이라는 비판도 받았다.

7. 생명을 죽은 물건처럼 다루거나 취하는 작용을 "물화"(reification)라고 한다면, 얼굴화는 사물을 감정적 존재로, 즉 어떤 표정을 가지는 것으로 그린다는 뜻으로 이해할 수 있을 것이다. 이것은 마 치 구름에서 어떤 형상을 그리듯이, 우리에게 친숙한 어떤 꼴(형상)로 만든다는 뜻으로도 이해할 수 있을 것이다.

8. 얼굴화와 얼굴성은, 운동체와 구별되는 것으로서의 순수 운동성을 베르그송이 구분했듯이, 실재 의 두 수준(현실태와 잠재태)에 관한 들뢰즈식의 구분과 일치한다. 얼굴화가 얼굴의 재현이라면, 얼굴성은 얼굴의 잠재성에 해당한다. 선적인 형식은 잠재성을 가두고, 대상화하고, 공간화하고, 육체화한다면, 회화적 형식은 대상, 공간, 육체를 지우고, 그 안에서 순수 운동성을 끄집어내는 것과 같다.

9. 객관성이란 표면, 외면, 외관에 속하는 개념이며, 현실성이란 잠재태의 응축과 밀도의 정도에 준한다. 그것은 연장성과 같은 공간적 양태 또는 사물의 상태(state of things)를 취한다.

10. 사물의 얼굴성은 그것의 '살아 있음' 혹은 '생명성'의 인간화된 형식이라고 말할 수 있을 것이다. 사물에서 무엇인가가 느껴질 때 우리는 그것을 의인화한다. 따라서 표현운동으로서의 표정은 현존의 증거이며, 이때에 우리는 사물과 모종의 영향관계에 들어가게 된다. 따라서 "비전"(vision)을 시각적인 문제로만 국한할 수는 없으며, 감각의 보편적 경향으로 확대할 수가 있다. 눈을 감고 있는 동안에도 우리는 사물의 현존을 느낀다. 본다는 것은 감시하는 것이며 느끼는 것이다.

11. 정념은 신체의 보존에 기여한다. 어떤 대상이 신체에 해로우면(악) 미워하고, 이로우면(선) 욕망하거나 사랑함으로써, 그 대상으로부터 해체되거나 대상과 결합하게 하기 때문이다. 데카르트가 『정념론』에서 소개한 구분에 따르면 정념은 기본적으로 여섯 가지가 있다. 경이(admiration), 사랑(amour), 혐오(haîne), 기쁨(joie), 욕망(désir), 슬픔(tristesse)이 그것이다. 사랑과 기쁨은 영혼만을 생각한다면 무한하게 좋은 것이고, 슬픔과 미움은 육체만을 고려한다면 무한하게 좋은 것이다. 나쁜 것에 대한 신호이므로 피하게 하기 때문이다. 반면 슬픔은 해로운 것에 대한 불쾌함에서 오는 무기력이고, 미움은 해로움을 피하라고 영혼을 부추기는 동물정기(esprits animaux)들의 동요(émotion)이다. 이 중에서 경이는 가장 먼저 나오는 정념으로, 새로운 것, 신기한 것, 생소한 것을 접했을 때 반응하는 놀라움이나 감탄 혹은 궁금함을 말한다. 이것은 그 대상이 우리 몸에 좋은지 나쁜지를 미처 깨닫기 전에 일어나기 때문에, 경이에는 반대정념이 없다. 대신에 동물정기는 그 새로운 대상을 파악하기 위해 두뇌 쪽으로 올라가 정신적 사유를 촉발한다. 이때 눈은 위를 향하고, 동요가 없으며, 생각을 하는 순수한 얼굴로 비워진다. 데카르트가 말한 경이는 홉스의 용어로 wonder와 유사하다. 다른 정념들은 신체의 보존과 관련하여 신체에 대하여 좋거나 나쁜 것(선과 악)을 영혼에 주의시키는 역할을 하는 반면, 경이는 신체의 보존과는 무관하다. 혹자는 경이가 운동의 영점상태이기 때문에 정념의 기원이라고도 말한다. 호기심이나 궁금함은 심장이나 피의 변화와 같은 신체의 동요가 없이, 그 생소한 대상을 알고 싶어 하는 지식의 추구 혹은 대상을 인식하고자 하는 영혼의 운동으로 통일되려는 경향이 있는 것이다. 예컨대 동물정기의 운동이 두뇌 속으로 맹렬히 달려가 두뇌 안에 있는 그 인상을 강화시키고, 정신은 그 대상을 깊이 생각하고, 숙고할 만한 가치가 있는지 여부를 파악하는 것이다. 그래서 몸의 다른 부분의 모든 운동성을 최소화하고 두뇌 쪽으로 모든 운동이 집중되면서, 얼굴 근육 역시 궁금해 하거나 생각할 때의 표정으로 운동성이 비워진다. 얼굴의 모든 요소들이 하나의 이미지에 집중되면서 통일되는 것이다. 이런 점에서 경이는 지식의 희망, 통일성을 향한 의지이다. 들뢰즈가 정감-이미지(얼굴)를 두 축으로 나누어, 한 쪽에는 정념이 비워진 순수한 얼굴, 다른 한 쪽에는 정념으로 가득한 강렬한 얼굴을 둔 것은, 이렇게 첫 번째 정념인 경이를 한 편에 두고 나머지 정념을 다른 편에 두기 때문이다.

12. 위에서는 그리피스의 클로즈업이 형상적 얼굴(figurative face)만을 대표하는 것처럼 말했지만, 실은 그 반대인 특질적 얼굴(qualitative face)도 담고 있다는 점에 유의하자. 가령, 〈흩어진 꽃잎〉에서 악당이 여주인공을 찾아내어 죽일 듯이 덤벼드는 장면에서는 악당의 악의에 찬 얼굴이 클로즈업되고, 여주인공의 공포에 젖은 얼굴이 클로즈업된다.(사진 4) 데카르트가 경이에는 "존경에 찬 경 이"와 "경멸에 찬 경이"의 양 측면이 있다고 보았듯이, 그리피스의 얼굴에도 양 측

사진 4. 그리피스의 얼굴 클로즈업에는 순수한 얼굴만 있는 것은 아니다. 정념을 보여주는 강렬한 얼굴도 있다.

면이 있는 것이다. 그러나 그리피스의 이러한 두 얼굴은 서로 연관되어 나오는 것이 아니라, 이원론적 구조에 따라 서로 무관하게 등장하기 때문에, 에이젠슈테인의 작품에서처럼 통일되지 못했다.

13. 여기서 언급하는 표현주의는 주로 무르나우나 프리츠 랑으로 대표되는 1920년대의 독일 표현주의를 지칭한다. 이들은 빛과 어둠의 문제에 천착했다. 빛과 어둠의 문제는 기술적으로 볼 때 조명과 연관이 있다. 어둡거나 밝은 조명은 얼굴 클로즈업과 마찬가지로 화면에서 감정이나 내면 상태를 환기하는 적합한 수단이다. 즉 타락, 절망, 기쁨, 광기와 같은 정념을 보여주기 위해 인물이 있는 공간의 빛의 양태를 통제하는 것이다. 표현주의에서의 광원은 주로 로우키(Low key)를 쓰는데, 예컨대 촛불이나 등불 혹은 창밖에서 들어오는 빛으로 조명이 제한되어 공간의 특정 세부만이 밝고 나머지는 어두운 것이 특징이다. 표현주의는 기본적으로 강렬함의 문제이기 때문에, 윤곽선이 뚜렷한 현실세계와 자연의 형태를 모방하거나 재현하지 않고, 심리적 실재 혹은 잠재적 충동을 드러내기 위해 그 윤곽선을 파헤치고 넘어선다. 이 유체적 흐름의 세계가 빠져나오려는 과정에서 형태나 빛과 싸우는 문제가 표현주의이다.

14. 회화에서 표현주의는 빛과 어둠의 투쟁보다는 형상들과 파토스의 투쟁이라고 할 수 있을 것이다. 마티스로 대표되는 야수파, 독일의 다리그룹, 후기에 들어와 프로이트적 경향이 강한 오스트리아 삼총사(클림트, 쉴레, 코코슈카)는 형상의 일그러짐을 통해 객관주의적 묘사를 주관주의적 표현으로 대체하면서, 비이성적이고 충동적이며 무의식적인 파토스의 세계를 드러낸다.

15. 표현주의에 있어 색의 표현은 괴테주의적 경향이 강하다. 괴테(Johann Wolfgang von Goethe)는 『색채론』에서 색을 지배하는 원리가 "양극성", "상승", "총체성"이라고 생각했다. 그 중에서 모든 색은 밝음과 어둠의 관계에서 일어난다고 생각했다. 빛과 밝음은 원현상(Urphänomen)이라고 불렸으며, 빛과 어둠 양 축 사이에 다양한 정도의 색들이 존재한다. 붉은색은 천상에 속하고, 녹색은 물질을 이루며, 그 사이에 노랑과 파랑이 물질 쪽을 향해 있고, 주황과 보라가 천상 쪽을 향해 있다. 괴테에 따르면 살아 있는 모든 것은 변하려는 경향 때문에(앉으면 일어나고 싶고 일어나면 앉고 싶은 것처럼) 항상 하나의 상태에서 반대의 상태로 이행하고 극에서 극으로 왕복한다. 그래서 모든 것은 양극성에서 온다고 보았던 것이다. 이 양극성을 이루는 극과 극이 결합하면 천상에 속한 근원적 일자 또는 정신적 일자로 "상승"하고, 모든 것은 정신 안에서 "총체성"으로 구현된다.

16. 괴테의 색채론에는 빛과 어둠의 양극성에 관한 논의 외에 세 가지 유형의 색을 분류한다. 우선 심리적, 주관적 상태에 따라 분류되는 생리색이 있고, 물리적 매질에 따라 변하는 굴절색이 있고,

자체 내 색의 속성(산과 알칼리의 대립)으로 분류되는 화학색이 있다. 생리색에서 굴절색을 거쳐 화학색으로 가면서 색의 속성은 점점 객관적이 되는 경향이 있다. 특히 굴절색 이론에서는 빛과 투명, 빛과 반투명, 빛과 불투명(흰색)의 관계를 논의한다. 슈테른베르크는 표현주의와 마찬가지로 괴테주의자이지만, 빛과 어둠의 대립보다는 이 굴절색에서의 빛과 흰색의 관계에 천착했다. 괴테에 따르면 빛은 투명이기 때문에 지각되지 않는다. 그러나 빛이 매질에 투과되는 정도에 따라, 즉 매질에 의해 굴절되는 방식에 따라, 매질의 혼탁함의 정도, 매질의 종류(기체, 액체, 고체)에 따라, 다양한 굴절광으로 인한 색이 발생한다. 가령, 빛이 기체(연기)를 투과하면 굴절되어 노란색이나 황색이 되는 식이다. 빛의 투명과 매질의 불투명 사이에 온갖 종류의 혼탁함이 존재하고, 이 혼탁은 색의 다양한 변화를 이룬다.

17. 흔히 광고 사진에서 진열된 상품의 이미지가 이러한 추상적 환경 속에서 구현되는 경우가 많다. 그것은 상품으로부터 객관적이고 현실적인 지각-이미지를 제거하고 열광과 감정이입을 도출하기 위해서일 것이다. 그러나 광고의 이미지가 정감-이미지에 속하는지 충동-이미지에 속하는지는 쉽게 단정하기 어려워 보인다. 어찌되었든 그 목적은 제품의 이상화에 있기보다는 욕망과 충동에 있기 때문이다. 이런 점에서 정감-이미지와 충동-이미지는 대단히 모호한 경계 위에 있는 것처럼 보인다.

18. 정신분석에서 부분대상은 무의식(거세)의 구조를 이루며, 언어학에서는 언어의 구조(제유, 환유 등)를 이룬다. 이러한 개념을 통해 많은 평론가들은 파편, 커트, 얼굴-클로즈업이 영화 전체의 내러티브의 연속성과 화해되어야 한다는 점을 논의한다. 클로즈업된 얼굴이나 사물이 그것을 포함하는 전체라든가 상관적인 다른 대상과의 연속성 속에서 파악되어야 한다는 주장은 그것을 상관성에 종속된 대상 즉 현실화의 대상으로 보려는 의도이다.

19. 부분대상은 오히려 행동-이미지나 충동-이미지에 가깝다. 정감-이미지는 강렬한 진동과 부동판의 긴장인 반면, 이 연속성은 행동으로의 이행이다. 운동이 연속성을 가질 때 그것은 행동의 요소가 되지만, 부동판 위에서의 운동 경향은 표현운동이 된다. 마찬가지로 부분대상이 전체에 귀속될 때, 부분과 전체의 연속성은 운동을 행동성으로 연장하지 운동경향의 표현으로 가지는 않는다. 환유적 언어체계, 남근 이미지는 이런 이유에서 표현이미지가 아니라 행동 또는 충동 이미지와 관계가 있다.

20. 사물로부터 정수, 본질을 빼낸다는 의미의 추상은 영원한 것 혹은 순수한 것에 대한 열망에 기인한다. 영원한 이미지에 대한 플라톤의 열망뿐 아니라, 그와는 다르긴 하지만, 운동성의 순수한 이미지에 대한 베르그송의 열망 또한 그것이 존재하기 위해 다른 어떤 것도 필요하지 않은 절대적인 것으로서의 실체의 추상과 관계가 있다.

21. 베르그송이 『지속과 동시성』(*Duration and Simultaneity*)에서 제시한 상대적 존재성의 예로서 장(Jean)과 자크(Jacque)의 경우를 생각해 보자 : "나는 화가이고 장과 자크 두 사람을 그린다. 장은 내 옆에 있고, 자크는 내게서 20~30m 떨어져 있다. 나는 장을 본래의 크기로 그릴 것이고 자크는 작게 그릴 것이다. 자크 옆에서 나와 같은 그림을 그리는 나의 친구는 자크를 원래의 크기로 그릴 것이고, 장은 작은 키로 그릴 것이다. 나와 내 친구는 모두 옳은 그림을 그린 것이다"(Bergson, *Dureé et Simultanéite*, 75). 장과 자크는 화가의 위치에 따라 그 크기가 다르게 보인다. 장 곁에 있으면 자크보다 장이 커 보이고, 또 그 반대의 경우 역시 가능하다. 화가는 원근 관

계에 따라 이 둘의 크기를 통해 공간적 관계를 묘사할 것이다. 그러나 이 공간적 상대성에도 불구하고 이들에게는 혼동되지 않는 장과 자크 각각의 절대적 존재성이 있다. 현상적 외관의 관점에서는 가깝고 먼 원근에 따라 사물이 다르게 보이지만, 그렇다고 해서 사물이 시시각각 변하는 다양한 인상과 그 사물의 실체성이 혼동될 수는 없다. 공간적 현상과는 무관하게 느껴지는 것, 예컨대 단단함이나 연약함과 같은 질적 상태, 혹은 그 절대적 분위기는 비교에 의해서가 아니라 그 자체로서 표현하고 있는 절대적 표현체이다. 클로즈업을 통해 드러나는 것이 바로 이 표현체이다. 표현체는 가까운 곳에서 자세히 오랫동안 겪지 않으면 결코 드러나지 않는다. 이것은 표현체로서의 정동과 그 수단으로서 클로즈업이 함축하는 윤리적 가능성을 시사한다.

7장 유기적 리얼리즘과 기능주의적 리얼리즘

1. 유기성이란 생명체처럼 부분을 이루는 요소들이 서로 상호관계하면서 어떤 공통의 목적을 수행하는 것이다. 그래서 유기적 요소들은 분리할 수가 없다.

2. 정신적 과정으로서의 의미 자체가 물질의 배열의 결과일 것이다. 마찬가지로 언어 또한 소리물질이 분절된 결과이다.

3. 흔히 미국식을 유기적 편집, 소비에트식을 변증법적 편집, 프랑스식을 인상주의적, 독일식을 표현주의적 편집이라고 부르기도 한다. 그러나 이것은 초창기 영화사의 역사적 유파들에 대한 구분일 뿐이다.

4. 이항은 상관적 관계에서 형성되어, 항상 다른 것과의 관계에 의해 실행된다. 이항적 행동이란 상대방이 할 것으로 예상되는 어떠한 행동에 미리 앞서 대응하는 것처럼 보이는 행동이다. 가령, 견제행동으로서의 가장이나 핑계 혹은 술책 등은 자기를 부정할 수 있는 다른 세력 또는 상대자를 전제하여 그에 앞서 기능적으로 행하는 행동들이다. 자율적이면서도 대자적인 주체가 상관적 타자를 염두에 둔 행동은 이항적이다. 예컨대 서부극에서 총잡이들은 결투를 힐 때에 조심스럽게 걸어가면서 상대가 어디에 있는지, 무엇을 할지를 예측하려고 노력한다. 이것이 전형적인 이항이다. 대립되는 두 세력의 결투나 갈등이 지배하는 고전적 리얼리즘에서 이항은 공간구성 방식에 있어 중요한 요소이다.

5. 평행교차편집은 둘 이상의 사건의 흐름을 동시적으로 번갈아 교차하면서 등장시키는 편집방식을 말한다. 예컨대 그리피스는 〈인톨러런스〉(Intolerance)에서 서로 다른 네 개의 시대에 속하는 인물들을 번갈아가며 보여주었다. 동시에 일어나는 행위뿐만 아니라 거리가 떨어져 있거나 시대가 다른 여러 행동–이미지들을 교차함으로써 이들의 상관성을 극적으로 환기한다. 에이젠슈타인은 그리피스의 이 편집방식이 평행하는 두 사건의 실질적인 통일에 도달하지 못하고 인위적인 통일만을 제시한다는 점에서, 그것을 "베이컨"이라고 조롱하였다. 다른 시대의 행동–이미지가 교차해서 등장하긴 하지만, 이들이 실질적으로 연결되지는 않기 때문이다. 이에 반해 에이젠슈타인은 〈전함 포템킨〉에서 인물 개개인이 표출하는 분노가 혁명이라는 단일한 힘으로 통일되는 과정을 평행 교차 몽타주로 보여주었는데, 이에 대해 들뢰즈는 그가 새로운 리얼리티를 창조했다는 점에서 그 위대함을 긍정하였다. 들뢰즈는 이 새로운 리얼리티를 분할체(dividual)라고 불렀다.

6. 가령, 〈인톨러런스〉에서는 남북전쟁과 고대 이집트의 전쟁 등이 교차되면서, 격정의 전쟁이 등

장하다가, 평화로운 장면이 이어지고, 다시 격정적인 동요가 일어났다가, 다시 평화로운 시간이 등장하는 등, 그 내러티브뿐만 아니라 이미지 전체에 수축과 이완의 생명체적 운동이 번갈아가며 구성된다.

7. 앞서 논의했던 베르히만의 〈가을소나타〉에서 어머니가 피아노를 두드릴 때 클로즈업으로 제시된 손은 어머니의 몸에 연결된 부분대상으로서의 유기적인 이미지일 수도 있지만, 그 곱고 우아한 손의 정동을 통해 딸을 등한시했던 어머니의 계급성, 성격, 혹은 예술가로서의 삶 전체를 반영해 주는 정감-이미지가 되기도 한다.

8. 이로써 우리는 환경과 행위양태로 나뉘는 리얼리즘의 두 축을 생각해볼 수 있을 것이다. 환경은 행위가 일어나는 배경일 수도 있고, 구도일 수도 있으며, 결정된 공간 전체를 뜻한다. 예컨대 어떤 마을일 수도 있으며, 특정 시대일 수도 있다. 즉 행위의 좌표이다. 한편 행위는 이항적으로 이루어진다. 단순히 행위만으로는 구체적 현실이 될 수 없다. 행위가 현실화될 수 있는 환경이 나와야 하는 것이다. 가령, 문학에서 "주먹을 휘둘렀다"와 같은 행위 자체의 묘사는 현실적이라고 말할 수 없다. 누구에게 휘둘렀는지, 언제 휘둘렀는지, 왜 휘둘렀는지, 자본가에게 휘둘렀는지, 노동자에게 휘둘렀는지, 중세 때 휘둘렀는지, 교회에서 휘둘렀는지, 그 행위의 현실적 조건에 따라 행위양태가 다르기 때문이다. 리얼리즘이란 행위와 환경의 앙상블이다. 미국 고전적인 리얼리즘 영화 즉 행동-이미지에서 대상과 세트는 쉼 없이 움직이고 행동하고 새로운 상황에 적응한다. 여기서는 고유한 의미에서의 클로즈업이 거의 나오지 않으며, 롱쇼트도 거의 없고, 카메라가 스스로 이동하는 경우도 없다. 잘 짜인 내러티브와 그것을 실천하는 인물의 현재화된 행동만이 존재한다.

9. 베르그송주의자인 들뢰즈에 따르면 현실화는 수축과 같은 것이다. 베르그송이 『물질과 기억』에서 제시했던 원뿔의 꼭짓점과 마찬가지로 수축은 잠재적 차원의 실재성이 지각을 위해 대립되는 두 개의 항으로 모여드는 것과 같다. 가령 목마름은 근육들의 이항적 분절, 그리고 신체와 물 컵의 연결을 통해 물을 마시는 행동으로 현실화되는 식이다. 신체와 물 컵 사이에는 목마름이라는 정감의 강한 응축이 있는 것이다.

10. 포괄자 혹은 환경을 들뢰즈는 퍼스를 따라 "공기호"(synsign)라고 명명했다. 공기호는 어떠한 사태를 둘러싸거나 배태한 상황, 환경, 전체를 함의하는 것이다. 가령, 산은 산불의 공기호이며, 산불은 연기의 공기호, 북극은 에스키모의 공기호이다. 하나의 기호가 다른 것을 포괄하거나 포위하면서 그 환경이 될 때, 이를 공기호라고 부른다. 반면에 작은 형식은 행동에서 상황으로 이행하는 구도이다. 그래서 상황이나 환경을 이루는 공기호 안에서의 유기적 행동이 아니라, 반대로 행동이 일어나고 나서, 이 행동에 의해 상황이 드러나는 식이다. 이에 해당하는 기호는 "지표"(index)이다. 지표는 행동과 환경이 인과적으로 묶인 기호라고 할 수 있는데, 가령 연기는 산불의 지표가 된다. 이미지의 유기적 구성의 두 체계인 큰 형식과 작은 형식은 각각의 기호로서 "공기호"와 "지표"를 가지며, 이는 포괄자에서 행동으로 또는 행동에서 포괄자로의 이행을 보여준다.

11. 참고로 이 나선형이나 모래시계 형상은 베르그송의 잠재태 회로도를 보여주는 원뿔 모형과는 관계가 없다.

12. 이 작품에서는 애리조나 대평원의 혹독한 자연환경과 사회(S)에 맞서서 벌이는 여인의 시련과

결투(A)가 나온다. 환경과의 투쟁, 가족과의 심리적 투쟁, 카우보이와의 감상적인 투쟁, 자신을 겁탈하려는 강탈자와의 육체적 투쟁. 결국 그녀는 투쟁의 본질을 깨닫고 환경과 타협(S')을 하게 된다. 카우보이와의 타협, 바람과의 타협. 새로운 존재양식이 탄생하는 것이다.

13. 토인비(Arnold Toynbee)가 분류했던 생존문명과 여가문명의 두 문명 중에서 플레허티의 〈북극의 나누크〉는 전자에 해당한다. 혹독한 자연환경과의 투쟁, 인간에게 적대적인 환경 속에서의 생존이 다루어지고 있는 것이다. 플레허티가 의도했던 것은 자연과 맞서서 싸우는 모습을 살아 있는 그대로 포착하는 것이었다. 앙드레 바쟁(Andre Bazin)은 에스키모인들이 바다표범을 사냥하는 장면을 언급하면서, 지속하는 현실을 편집 없이 담아내는 다큐멘터리 고유의 정신을 이 영화가 취하고 있다고 칭찬한 적이 있었다. 이는 이 영화가 외견상 취하고 있는 (비서구에 대한) 민족학적·인류학적 틀에 대한 혹자들의 비판을 무색케 하는 관점이 아닐 수 없다. 들뢰즈 역시 이 작품에서 포괄자와 인간의 대면이 드러내는 행동-이미지는 민족학이 아니라 행동학이라고 말한다. 반면에 플레허티의 〈모아나〉(Moana)는 토인비의 두 번째 분류에 해당하는데, 여기서는 자연의 시련이 아니라 자비로운 자연적 조건(열대해변) 속에서의 여가문명을 보여준다. 그러나 여기서도 인간의 투쟁적이고 저항적인 상황은 계속되는데, 그것은 스스로의 고통(문신)을 통해 오히려 더욱 근본적인 투쟁에 들어가는 것이다. 결국 행동-이미지의 세계는 자연이나 타인과의 투쟁 아니면 그 자신과의 투쟁인 것이다.

14. 들뢰즈는 이 만장일치주의에서 나타나는 집단성(collectivity)은 결국 허구라고 말한다. 마지막의 극장 장면에서처럼 군중은 극장에 모여 쇼를 보면서 웃음을 터뜨리며 즐거워 하지만 모래알과도 같은 집단성을 이룰 뿐이다. 들뢰즈에 따르면 미국식의 두 가지 꿈이 있는데, 하나는 만장일치주의이며, 다른 하나는 지도자 영웅주의이다. 대도시의 동질화된 집단성은 끔찍한 미국적 환경이다. 이것은 공산주의와는 다른 의미에서의 소비적 자본주의의 만장일치주의이다. 여기서 인간들은 인위적이고 무성의한 집단성에 매여 있으며, 각 개인은 주어진 상황에 대해 대응할 수 있는 대응력과 기력을 상실한 채, S'로 나아가지 못하고 언제나 동일한 곳으로 되돌아오는 S-A-S의 도식에 둘러싸인다. 들뢰즈에 따르면 이것이 미국의 악몽이다.

15 존 포드의 〈나의 계곡은 푸르렀네〉는 아일랜드 웰스 탄광촌이 배경이지만, 광부들과 그 공동체의 유기적 서사는 미국 자본주의의 알레고리로 보이기도 한다. 노동력의 수요와 광산 자원의 제한, 기업주의 횡포, 임금삭감, 그리고 이러한 일련의 상황에 대해 현실순응적인 아버지와 노조를 통해 현실개혁을 주장하는 아들들, 광산 노동자들의 해산, 혹독한 겨울, 공동체의 재건 등은 미국적 자본주의의 현실과 청교도적 시련이라는 서사가 융합된 것처럼 보인다.

16 존 포드의 〈역마차〉에는 의사, 귀부인, 창녀, 탈주범 등 로즈버그에 가기 위해 역마차를 함께 타게 된 여러 계층의 사람들이 등장한다. 이 영화 역시 존 포드식의 미국에 대한 알레고리로 읽을 수 있을 것이다. 그의 윤리의식 또한 읽을 수가 있는데, 하층계급에 속해 무시를 당하는 창녀와 탈주범은 다른 계층의 사람들보다 오히려 인디언의 위험에 대처를 더 잘하고 희생정신도 강하다. 이 영화는 유기적 재현을 전형적으로 보여주는 리듬이 있다. 즉 대평원과 마차(내부)가 교차편집으로 제시되면서, 대평원이라는 포괄자 환경을 가로질러 로즈버그로 전진해가는 가운데, 인물들의 심리상태와 그들 간의 관계 역시 변질되어가간다. 인물들은 대평원 속으로 깊숙이 들어가면서 점점 그것을 닮아 간다. 그들은 서로에게 마음을 열어 더 이상 창녀와 탈주범을 적대시하지 않는다.

서로의 포괄자가 되어가는 것이다.

17. 청교도가 지배하는 미국인들의 이주의 역사는 외부세력에 대한 시련과 투쟁의 역사이다. 근본
적으로 청교도적인 내러티브가 미국의 거대담론을 형성한다. 약속의 땅, 시련, 단결, 디아스포라
(diaspora) 민족주의 등, 존 포드의 알레고리는 시오니즘의 미국판 재현처럼 보일 정도이다. 또
한 미국 사회의 자유분방조차도 공동체주의의 한 요소로 보인다. 이러한 공동체주의는 미국인들
의 도덕적 단순성의 근간이기도 하다.

18. 들뢰즈의 존 포드에 관한 논의는 포괄자로서의 환경의 문제로 요약할 수가 있다. 환경이 주는 시
련, 가령 백인들을 포위하면서 침략해 오는 아파치라는 포괄자를 피해 이들은 추위가 극심한 새
로운 포괄자 속으로 들어간다. 그래서 포괄자는 인물들의 운동과 변화의 척도가 된다. 이들이 타
고 가는 마차의 내부와 외부가 교차되어 나오면서, 이들이 포괄자와 맺는 관계의 리듬이 드러난
다. 그러나 이들은 환경 자체를 변화시키기보다는, 악당을 물리치는 등 혼란을 극복하여 사회를
재건하는 것에 만족한다.

19. 미국에서 활동을 하게 된 프리츠 랑은 〈엠〉(M)의 연출로 표현주의와 결별을 하고 리얼리즘으
로 돌아서게 된다. 이 작품에서는 연쇄살인범이 도둑들에게 잡혀와 자신을 변호하는 가운데 자
신은 오로지 충동에 의해서만 행동할 뿐이라고 말하는 순간에만 표현주의적인 연기를 한다. 그
리고 이것은 행동의 유기적 재현과는 동떨어진 정태적 표현에 가까운 이미지를 보여준다.

20. 필름 느와르 역시 환경의 묘사, 상황설정, 행동의 준비, 정밀하게 조직된 행동, 그리고 새로운 환
경과 재확립된 질서라는 공식을 따른다. 갱스터가 조직화된 행동의 효율성에도 불구하고 언제나
실패자로 끝나는 것은 그들의 행동성 자체에 그들에게 불리하게 작용하는 무엇인가가 있기 때문
이라고 들뢰즈는 지적한다. 우선 그들을 둘러싼 환경 자체가 잘못된 공동체로, 모든 동맹이 불확
실하고 믿기 어려우며 언제든지 뒤바뀔 수 있는 정글이다. 또한 그들의 행동양식이 아무리 정교
하고 조직적이라고 해도, 상황에 대한 진정한 아비투스나 대응이라고 할 수가 없다. 또한 그들을
해체시키는 원인이 되는 어떠한 결함이나 균열을 행동 속에 감추고 있다. 범죄를 위한 섬세함이
나 능숙한 솜씨에도 불구하고, 이들은 누군가의 작은 실수에도 견딜 수 없어(사랑, 향수 등), 특정
한 상황에 민감하게 반응하거나 지나치게 행동함으로써, 자신들을 위기로 내몰아 결국 자멸하거
나 죽어버리고 마는 것이다. 하워드 혹스의 〈스카페이스〉(Scarface)나 존 휴스턴의 〈아스파트
정글〉(Asphalt Jungle)이 좋은 예인데, 이들 영화에 등장하는 인물들의 행동의 균열은 일종의
콤플렉스의 형태로 사회적인 것과 심리적인 것의 접면을 이룬다.

21. 큰 형식에서 인물의 행동은 미리 결정된 전체, 환경, 포괄자의 맥락과 유기적으로 연결되어 있
다. 따라서 영화의 시작부터 대평원이나 공동체 전체가 제시된 후에 구성원 개인들의 행동이 나
온다. 이는 고전적인 리얼리즘 소설의 서술방식과 닮아 있다.

22. 부르디외(Pierre Bourdieu)의 개념인 아비투스는 특정 계급이나 집단의 지속적인 생활과 행동
속에서 육체에 각인되어 체화된 기질이나 성향을 뜻한다. 아비투스는 객관적 사회구조나 계급
그리고 개인의 의식적 경향성을 종합한 개념으로 집단 무의식의 행동 양태를 결정할 뿐만 아니라
계급의 결속과 구분의 기준이 된다.

23. 네오웨스턴은 주로 1960년대 이후 웨스턴 서부극에 리얼리즘적 요소들을 더하여 새롭게 조명
된 유파들을 지칭한다. 네오웨스턴 계열의 감독들은 서부극에서 낭만적이거나 도덕적인 주제를

배제하고 다변화된 현실을 객관적으로 재현하려고 노력하였다. 그래서 사회현실을 반영하는 작품들을 많이 제작하였다. 이들을 지칭하는 용어로 흔히 "수정주의 서부극"(revisionist western), "네오웨스턴"(neo-western), "모던 서부극"(modern western), "반-서부극"(anti-western) 등이 있다. 네오웨스턴 감독들은 2차 대전 이후 전통 서부극의 이상과 스타일에 회의를 느끼고 더 어둡고 시니컬한 어조로 당대의 무법천지에 포커스를 두었다. 그래서 영웅주의가 아니라 반-영웅주의가 보편화되고, 여성이나 토착 원주민 또는 멕시칸과 같은 인종과 계급이 부각된다. 또한 권력과 자본, 군인이나 백인 남성, 미국정부와 사회가치를 비판하는 대항문화로 발전한다. 샘 페킨파, 아서 펜, 로버트 알트만(Robert Altman)등이 대표적이다.

24. 세미놀은 미국 플로리다 지역의 인디언 부족의 명칭이다. 이들과 백인의 대규모 전쟁이 있었는데, 이를 세미놀 전쟁이라고 부른다. 이 작품에서는 백인과 인디언의 이분법적 전쟁이 아니라, 중간에 백인들이 인디언 부족과 왕래도 하고, 백인여자가 백인남자 뿐 아니라 인디언 남자를 이중으로 만나기도 한다. 전쟁 또한 지역적인 특색 때문인지 평원이 아닌 늪지대나 숲에서 벌어진다. 공간의 협소함으로 인해 전쟁의 형태 역시 매복이나 기습과 같은 게릴라전 방식이 주를 이룬다. 심지어 백인 장교가 인디언의 포로가 되었다가 풀려 나왔는데, 백인들이 그가 인디언과 내통했다는 의심을 품고 그를 처형하려는 순간 인디언이 구해 주기도 한다.

25. 〈메이저 던디〉에서는 백인 기병대가 아파치를 소탕하기 위해 죄수들과 흑인들이 같은 편이 되어 전쟁에 나간다. 등장하는 인물들 역시 멕시칸, 인디언, 백인, 흑인, 아시아인 등 다인종적이며, 선한 자와 악당의 구분이 모호해져서 기병대 역시 선한 자로 나오지 않는다. 어떤 점에서 이 작품은 큰 형식처럼 보이기도 한다. 아파치를 찾아다니며 죽이는 거대서사가 있기 때문이다. 그러나 그 큰 형식이 실현되어 가는 과정에서 여러 인종들과 공간의 역동성으로 인해 모든 관계들이 변질된다. 인종뿐 아니라 많은 이해집단의 교차로 인해 상황에 따라 동맹관계 역시 달라진다. 기병대 내에서도 잡다한 집단들로 인해 전체 조직이 하나의 명령체계로 획일화되지 않는다(가령, 탈영병조차도 그를 따르는 무리들로 인해 처벌할 수가 없다). 기병대를 이끄는 던디 대령은 이 집단을 유기적인 집단, 숨결-공간, 조직화가 잘 된 군대로 만들고 싶어 했지만, 모두가 부랑자, 도둑, 흑인 등 결코 단일화할 수 없는 이질적 구성인자들로 인해 실패한다. 이 작품은 시기적으로는 남북전쟁 막바지 무렵을 다루고 있는데, 갈등 구조 역시 더 이상 남부군과 북부군의 대결이 아니다. 던디는 아파치와의 대결에서 심지어 남부군을 끌어들여 그들과 동맹하여 아파치를 소탕하고자 한다. 이 작품은 큰 형식으로 이루어진 유기적 체계 또는 숨결-집단에 대한 열망과 작은 형식으로 이루어진 기능적 체계 혹은 리좀-집단이라는 현실의 대립이라고 볼 수 있을 것이다.

26. 이 작품의 주인공 역은 더스틴 호프만(Dustin Hoffman)이 맡았는데, 그는 인디언에게 납치되어 한동안 그들과 살다가 나중에 백인사회로 되돌아온다. 그 후로는 백인사회와 인디언사회를 번갈아 오가면서 인디언도 아니고 백인도 아닌 경계인으로 살아간다.

8장 지속-이미지

1. 영화가 다른 장르의 예술과 다른 점은 바로 물리적인 수준에서의 사진성, 실재성, 그리고 기록성일 것이다. 영화는 회화나 문학과 달리 재현과 표현 이전에 물리적 현존을 전제한다. 네오리얼리즘이 몽타주를 지양하면서 일견 추구했던 것이 바로 이 존재론적 차원의 실재성이었다. 네오리

얼리스트는 드라마에 다큐멘터리나 르포 형식의 이미지를 삽입하기를 즐겼고, 영화 자체가 일종의 다큐멘터리가 되기를 원했다. 그래서 리얼리티에 대한 작가의 표현이나 해석을 배제하고, 소재를 선택하는 것 외에 조작을 최소화하였다. 이를 위해 조명보다는 자연광을 선호하고, 현장로케를 지향하고, 이미지들을 붙여 운동의 효과를 내기보다는 편집하지 않은 빨랑세캉스를 주로 썼다. 네오리얼리즘의 이러한 경향은 사건과 행동 그리고 내러티브를 중시하는 고전 리얼리즘의 목적과는 근본적으로 다른 것이다. 네오리얼리즘은 이미지가 재현하거나 표현하는 내용이 아니라 이미지 자체가 하나의 완전한 진실이기를 원했던 것이다.

2. 리얼리즘은 감각적으로 경험된 실제 삶의 재현을 지향한다. 현실의 재현에는 자연스러움이 중요한 요소이므로 이미지는 단순하고 직접적이며, 카메라를 느끼게 하는 식의 트릭을 쓰지 않아 기교가 없다. 자연스럽게 느껴지는 사실적 환상이 만들어지는 것이다. 리얼리즘은 모더니즘과 달리 예술적 자기 반영보다는 대상을 지향하기 때문에, 표현의 형식보다는 재현된 내용을 중요시한다. 리얼리즘은 형태를 모방하고 객관적 묘사를 추구하지만, 인간과 세계의 유기적 행동성으로 정의되는 유형의 객관성에 국한된다. 이런 의미에서 리얼리즘은 곧 행동 중심주의로 귀결된다. 따라서 이때의 '사실'이나 '현실'은 엄밀히 말해 행동에 의해 구성된 실재이다. 유럽의 초기 리얼리즘 문학에서는 이러한 행동주의가 사회 계급이라든가 집단의 전형성으로 나타나기도 했다. 이러한 점을 감안했을 때 리얼리즘에서의 현실은 있는 그대로의 날 것이 아니라 특정 관점에 의해 선택되거나 필요-행동에 의해 해석된 현실이라고 할 수 있다. 고전 리얼리즘으로 분류되는 미국식 극영화가 많은 평자들에 의해 비판을 받았던 이유는 그것이 감각-운동적으로 모방된 환상을 마치 현실 그 자체인 것처럼 제시하여 관객을 '현실에 대한 환상' 안에 가두고, 삶의 실상과는 거리가 먼 추상적 개인의 영웅주의를 부추겼기 때문이다. 대중을 우매화하고, 실상을 은폐하고, 개인과 영웅의 추상적 삶을 선호하는 이러한 경향에 반대하여 네오리얼리즘은 실상에 접근하는 방법으로서 다큐멘터리와 대물렌즈를 선호하고, 개인이나 영웅이 아닌 민중을 위한 이미지를 추구했다.

3. 영화 이미지를 두 계열로 나누어 볼 수 있을 것이다. 몽타주의 계열과 비몽타주의 계열, 드라마의 계열과 다큐멘터리의 계열, 표현(혹은 재현)의 계열과 기록(변조)의 계열, 나아가 혁명의 계열과 진실의 계열이 그것이다. 두 계열 중에서 전자를 대표하는 것은 에이젠슈테인이나 푸도프킨과 같은 소비에트 몽타주 유파일 것이고, 후자를 대표하는 유파는 네오리얼리즘일 것이다. 전자는 이미지로부터 혁명적인 힘 혹은 표현적인 힘을 도출하고자 한다. 반면에 후자는 있는 그대로의 현실 혹은 실재의 진실을 주시하는 일을 고민한다(물론 영화의 다큐멘터리적 요소 즉 진실을 통해 혁명적 힘의 가능성을 보려는 수정주의적인 입장도 있다). 후자의 관점에서 볼 때, 이미지를 몽타주하는 것은 있는 그대로의 현실에 주관인 욕망을 덧붙여 그것을 왜곡하는 것이다. 바쟁은 몽타주가 이미지에 뭔가를 덧붙이는 행위라고 비판하면서, 네오리얼리즘은 덧붙이지 않고 주시한다고 지적한다. 네오리얼리즘은 이미지를 봉합하여 운동을 자아내는 몽타주 가벼움이 아니라 이미지의 무거운 지속을 응시한다. 그러는 가운데 이미지의 실재성, 박진감, 현장성과 같은 다큐멘터리적인 효과를 유도하고, 몽타주 이전에 살아 있는 생명력을 쇼트 안에서 포착한다. 이러한 효과는 감독에 따라 다양한 절차들로 구현되는데, 가령 실제의 매체에서 가져온 뉴스 장면을 삽입한다든가, 구도를 잡지 않고 카메라를 들고 찍는다든가, 전문배우가 아닌 일반인들을 출

연시켜 연기보다는 자연스러운 동작을 유도한다든가, 몽타주를 배제하고 빨랑세캉스를 선호하는 것이 그 예이다. 빨랑세캉스의 선호는 관념의 도약이나 결합이 아닌 현실적 연속성을 훼손하지 않고 살아 있는 흐름을 보존하려는 노력이라고 볼 수 있다. 이렇게 구현된 현실 이미지는 행동적이길 그치고 시각적이고 음향적인 지속 안에서 가상적이 된다.

4. 리얼리즘 영화는 이미지의 유기적 재현이다. 사건 혹은 상황이 있고, 이에 인물은 반응하고, 다시 새로운 사건이 만들어지는 식으로, 환경과 행동은 유기적으로 짜인다. 리얼리즘에서 개연성, 사실성, 핍진성과 같은 개념들은 행동과 환경의 이러한 유기적 호흡을 우리의 현실적 감각과의 관계 속에서 재인식한 것이다. 뿐만 아니라 관객의 관점에서도, 현재 벌어지고 있는 행동 중심 영화를 볼 때 우리는 숨이 찰 정도로 함께 호흡하고 있는 것처럼 느껴진다. 그러나 네오리얼리즘 영화에서는 플롯이 엉성하고, 사건들은 느슨하게 연결되어 있다. 더 이상 사건이나 행동 위주의 영화가 아니라 오히려 사건과 행동을 바라보는 영화인 것이다.

5. 베르그송은 윌리엄 제임스(William James)의 화용주의(pragmatism)에서 말하는 "실재"(reality)를 이와 유사한 의미에서 "과잉실재"(hyper-reality)라고 불렀다. 과잉실재는 주체에 의해 그 의미가 결정되기 이전의 우연적이고도 산만한 실재성, 즉 인간이 바라거나 필요로 하는 것 이상으로 남아도는 실재를 뜻한다. 이 개념을 통해 베르그송이 지적했던 주제는 물론 실재가 불확정적(indéfinie)이라는 것이며, 이는 결정론적 세계관에 대한 비판을 위한 것이었다. 이에 대해서는 그의 책 『사유와 운동』, 252~264쪽을 참조하라.

6. 들뢰즈는 바쟁이 언급한 사실-이미지가 말 그대로 현실이나 실재(the real)를 지시하는 것인지에 대해서는 회의적이었다. 어떤 점에서는 그 이미지 역시 연출이고, 사실에 대한 주관적 태도를 반영할 뿐이기 때문이다 : "그것은 오히려 '정신'의 수준에서, 사유의 차원에서 제기되어야 하지 않을까?"(Deleuze, *Cinema 2*, 1) 사실-이미지의 중요성은 그것의 실재성에 있기보다는 다른 곳, 즉 "주시"할 수밖에 없는 상황에 처했다는 존재론적 맥락일 것이다. 왜냐하면 주시는 현재직 행동성에 사로잡힌 이미지와 달리 이미지의 지속을 드러내어 실재성을 다른 차원에서 사유하게 하기 때문이다.

7. 바쟁은 데 시카의 사실-이미지에 배어 있는 인간에 대한 '연민'에서 오는 감동을 언급하기도 한다. 이와는 다소 상이한 형태이긴 하지만 이러한 경향은 프랑스 누벨바그 작가들에게서도 발견된다. 가령, 영화촬영 자체를 내용으로 하는 트뤼포(François Roland Truffaut)의 〈아메리카의 밤〉(La Nuit Américaine)에서는 창가에 있는 먹다만 음식을 고양이가 먹는 장면을 촬영하는 대목이 나온다. 감독이 계획했던 대로 고양이가 움직여 주지 않자 촬영은 긴장 속에서 여러 차례 계속된다. 모든 스탭이 숨죽여가며 모든 불필요한 절차들을 기다린 끝에 결국 고양이가 의도된 대로 움직여 주어 촬영은 끝나고 감동적인 음악이 흐른다. 또 〈움베르토 D〉에서는 잃어버린 강아지를 찾아 개보호소에 간 움베르토가 거칠게 다루어지는 개들을 보며 불안과 위기감을 느낀다. 그의 시선은 갇힌 채 죽어가는 개들을 한참이나 주시하며 자신의 강아지를 찾아 헤맨다. 불필요한 장면들과 아울러 한동안 긴장이 흐르다가 마지막에 그의 강아지 플라이크가 뛰어나와 그에게 안길 때 역시 감동적인 음악이 흐른다. 동물이나 어린아이들의 행동들로부터 감동을 도출하는 이러한 방식은 네오리얼리즘이나 누벨바그의 작가들이 종종 사용하였는데, 그것은 재현된 현실 속에서가 아니라 주시되고 관찰된 현실 속에서 우연적으로 획득된 감동에 대한 이들의 취향을 반

영한다.

8. 자바티니는 데 시카의 〈자전거 도둑〉이나 〈움베르토 D〉를 쓴 작가이기도 하다. 여기서 조우라는 말은 우연성을 강조하는 것이기도 하지만, 이미지의 산만 혹은 과잉을 함축하고 있는 것으로, 바쟁이 말했던 사실-이미지의 형식적 조건이라고 할 수 있다. 그는 영화란 사물을 보이는 대로가 아니라 있는 그대로, 허구보다는 사실을, 고상한 영웅보다는 평범한 사람을, 낭만적인 환상보다는 사회적 관계를 나타내는 것이라고 규정한다.

9. 이 하녀에게는 애인이 둘이 있는데, 그녀는 아이의 아버지가 누군지 모른다. 더욱이 남자들 모두가 자신이 아버지라는 것을 부인하고 있다. 이날 아침 하녀는 다른 때와는 달리 고양이를 한참 동안 주시하고, 주변의 사물들을 다소 비범하게 바라본다. 이 비범한 시선은 그녀의 현재뿐만 아니라 과거와 미래 전체를 투시하는 어떠한 비전을 제시한다는 것이 들뢰즈의 논의의 핵심이다.

10. 하녀가 부엌에 들어가 일상적인 행동을 하는데, 성냥을 벽에 그어 불을 붙이는 장면에서는 벽의 같은 자리에 그어진 수많은 성냥자국이 이러한 일상적 도식을 잘 보여주고 있다.

11. 베르그송의 『물질과 기억』에 관한 들뢰즈의 주석에서 이미 보았듯이(이 책 2장 참조), 이것은 운동-이미지의 도식적이고 기계적인 운동(물질로서의 빛의 운동)이 두뇌(영화의 스크린)에 의해 벌어진 간극(중단, 머뭇거림, 망설임)에 의해 결정의 계기가 마련되어, 거기서 다양한 이미지로의 변용이 발생하는 과정과 닮아 있다.

12. 대화와 같은 기계적인 연쇄에 중단이 일어나 무엇인가를 한동안 바라볼 때 우리는 바라보는 대상과 나 자신에 대하여 비범한 상황에 빠진다. 이런 경우 사람에게서도 비범한 요소를 본다. 여행이나 방황에도 바로 이러한 요소가 있는 것 같다. 뚜렷한 목적이 없는 활동에서는 과정 전체에 대한 관심이 증대하여, 목적이 있는 활동에서는 건성으로 지나치게 되는 사물들까지 주의 깊게 보게 된다. 여행자는 주변을 자세히 주시하고, 여기저기를 기웃거리며, 도시의 만보객(flaneur)처럼 시간을 길게 늘여가며 무엇인가 다른 관점에서 사물을 본다. 좋은 예로 미켈란젤로 안토니오니의 〈여행자〉(The Passenger)에는 이러한 과정이 한 기자의 방황의 형태로 전형적으로 나온다.

13. 안토니오니, 비스콘티(Luchino Visconti), 고다르 등, 네오리얼리즘과 누벨바그는 미국식 리얼리즘과는 달리 인물들이 유기성을 잃고 이탈된 상황 속에서 배회하는 장면들이 많이 나온다. 특히 안토니오니의 영화들이 이러한데, 인물들은 어떤 임무와 목적을 가지고 있지만 시간이 지나면서 점점 느슨해지고 어슬렁거리며 배회를 하는 가운데 심오한 사색을 하게 된다. 이 사색 속에서 세계는 시각적 모호성으로 가득하게 되고, 눈앞에 펼쳐지는 모든 것이 잠재태로 변하게 된다. 나아가 실제와 비실제의 경계가 모호해진다. 행동성이나 목적을 상실할 때 시각적 비전 안의 모든 것은 비실제적이 된다. 이러한 잠재성을 구현하기 위해 감독은 포커스를 배제한다든가, 마치 문학에서 시제를 지우듯이, 상상과 사실을 구분해 주는 영화적 표지(플래시백, 연초점 등)를 없애서 경계를 모호하게 하여 이미지가 실제적 기호가 되는 절차를 지운다.

14. 도시에서는 대부분의 행동이 학습을 통해 이루어진다. 길을 가든, 가다가 길을 멈추든, 실내에 들어가든, 실내에서 이동을 하든, 행동은 구획된 공간 안에서 지정된 체계에 따라 이루어진다. 즉 일치된 감각들의 체계가 행동을 사로잡고 있는 것이다. 책상 하나만 잘못 놓여도 도시인들은 어쩔 줄을 모른다. 이들은 체계의 교란에 취약하다. 항상 정해진 길을 가도록 주의를 받았고, 공간과 시간의 효율적 분배와 활용의 지도 아래서 오랫동안 학습되었기 때문이다. 그러나 여행에서

는 이러한 학습의 부담에서 벗어난다. 여행자는 모든 감각이 일치하지 않아도 된다. 그런 점에서 여행은 되돌아가기, 즉 일치된 감각으로부터 해방된 감각으로 되돌아가기이다.

15. 여행자나 배회자 혹은 새로운 장소에 던져진 이방인은 낯선 환경에 적응하기 위해 행동을 망설이고 어설픈 몸짓을 취한다. 로코와 그 형제들은 낯선 도시에 와서 가공할 건물들과 사람들과 새로운 환경에 놀라며 시청각적 상황에 빠진다. 행동적 도식에 난 이 같은 균열은 눈앞에 펼쳐진 광경들로부터 기능성을 박탈하고 그 적나라한 실재성을 드러낸다.

16. 이 같은 논의는 잠재성의 철학자인 들뢰즈가 기계론적 결정론에 가하는 전형적인 비판과 같은 맥락이다. 행동적 도식에 일어난 균열로 인해 발생하는 망설임과 딜레마는 형이상학적 창조의 지대라고 말할 수 있다.

17. 이에 대해서는 앞 장 「이미지들의 변주」에서 자세히 다루었다.

18. 시간이 현재들로 이루어져 있다는 개념은 들뢰즈와 대별되는 시간관념을 논의할 때 항상 등장하는 아우구스티누스의 시간론을 닮아 있다. 그의 시간론은 현재를 현존하게 하는 것으로, 이에 따르면 시간은 세 겹의 현재로 이루어져 있다. 가령 시간은 "세 개의 현재(다가올 현재, 지나가는 현재, 지나간 현재) 사이의 변증법에 의한 이완", 혹은 "기대, 기억, 그리고 주의력 사이에서 이완된 관계"라는 관념이 그것이다. 이에 대해서는 폴 리쾨르(Paul Ricœur)의 『시간과 이야기』 (2003), 40쪽 이하를 보라.

19. 슈트로하임이나 브뉘엘과 같은 자연주의 영화감독들이 보여준 크로노스 이미지에서는 시간이 충동에 종속되어 오로지 시간의 부정적 효과들, 가령 마멸, 퇴락, 소모, 파괴, 손해, 혹은 망각과 같은, 말 그대로 크로노스적 이미지만을 보여주었을 뿐이라고 들뢰즈는 지적한다. 자연주의에서 드러난 시간은 순수한 관조 상태에서가 아니라 충동(그리고 행동)에 의한 퇴락의 과정을 통해서만 드러나기 때문이다. 이에 대해서는 *Cinema1*, p.127을 참고하라.

20. 〈동경이야기〉에서 아버지와 딸이 걸어가는 장면이나 〈늦봄〉에서 두 남녀의 자전거 하이킹 장면이 좋은 예이다.

21. 후기로 갈수록 오즈의 이미지는 쁠랑세캉스가 강해지는 경향이 있다. 쇼트의 길이가 초기에는 약 5초, 점점 갈수록 9초, 말기에는 13초가 평균적으로 지속된다. 따라서 점차 움직임이 없어지면서 정적인 화면의 극치로 치닫는다. 참고로 히치콕의 〈로프〉(Rope)의 경우 영화 전체가 하나의 쇼트로 이루어지긴 했지만, 카메라의 움직임이 많으며, 이미지의 경향성 자체가 시지각 음향적 이미지와는 다르다. 이는 지속-이미지가 단지 쇼트의 물리적 양상을 지칭하는 것이 아님을 시사한다.

22. 들뢰즈의 이 시간론은 베르그송의 순수 운동성에 관한 논의, 즉 아킬레스와 거북의 육체로부터 빠져나간 순수 운동성의 해방의 문제로 다시 되돌아가는 것처럼 보인다.

후기 : 이미지의 발생과 창조적 소멸

1. 이에 대해서는 그의 책 *Creative Evolution*, p. 109 이하를 참고하라.

:: 참고문헌

Deleuze, Gilles. *Le Bergsonisme*. Paris : Presses Universitaires de France, 1968 [질 들뢰즈, 「베르
  그송주의」, 김재인 옮김, 문학과지성사, 1996].

_____. *Cinema I : The Movement-Image*. Trans. Tomlinson, Hugh. Galeta, Robert.
  Minneapolis : University of Minnesota P, 1986 [「시네마 1」, 유진상 옮김, 시각과언어,
  2002].

_____. *Bergsonism*. Eng Trans. Tomlinson, Hugh, habberjam, Barbara. New York Zone
  Books, 1991 [「베르그송주의」, 김재인 옮김, 문학과지성사, 1996].

_____. *Masochism : Coldness and Cruelty*. Trans. McNeil, Jean. New York : Zone Books, 1991
  [「매저키즘」, 이강훈 옮김, 인간사랑, 2007].

_____. *Cinema II : The Time-Image*. Trans. Tomlinson, Hugh. Galeta, Robert. Minneapolis :
  University of Minnesota P, 1994 [「시네마 2」, 이정하 옮김, 시각과언어, 2005].

_____. *Essays : critical and clinical*. Trans. Smith, Daniel. Greco, Michael. Minneapolis :
  University of Minnesota P, 1997 [「비평과 진단」, 김현수 옮김, 인간사랑, 2000].

Barthes, Roland. *Camera lucida : reflections on photography*. New York : Hill and Wang, 1981
  [롤랑 바르트, 「카메라 루시다」, 조광희 옮김, 열화당, 1998].

Bergson, Henri. *Creative Evolution*. Trans. Mitchell, Arthur. New York : Random House, 1944
  [앙리 베르그손, 「창조적 진화」, 황수영 옮김, 아카넷, 2005].

_____. *Matter and Memory*. Trans. Paul, Nancy Margaret. Palmer, W. Scott. London : George
  Allen & Unwin LTD, 1950 [「물질과 기억」, 박종원 옮김, 아카넷, 2005].

_____. *Duration and Simultaneity : with Reference to Einstein's Theory*. New York :
  Bobbs-Merrill Company, Inc., 1964 .

_____. *Dureé et Simultanéite : á propos de la théorie d'Einstein*. Paris : Quadrige, 1992.

Berkeley, George. *Principles of Human Knowledge/Three Dialogues*. (ed.) Woolhouse, Roger.
  London : Penguin Books, 1988 [조지 버클리, 「인간 지식의 원리론」, 문성화 옮김, 계명대학
  교출판부, 2010; 「하일라스와 필로누스가 나눈 대화 세마당」, 한석환 옮김, 지만지고전천줄,
  2008].

Merleau-Ponty, Morris. *Phenomenology of Perception*. Trans. Smith, Colin. London : Routledge
  & Kegan Paul, 1978 [모리스 메를로-퐁티, 「지각의 현상학」, 류의근 옮김, 문학과지성사,
  2002].

Pasolini, Pier Paolo. *Heretical Empiricism*. Bloomington : Indiana University Press, 1988.

Vološinov, V. N. *Marxism and The Philosophy of Language*. Trans. Matejka, Ladislav. Titunik, I.
  R. Cambridge, Massachusetts, London, England : Harvard UP, 1986 [바흐찐 볼로쉬노

프, 『언어와 이데올로기』, 송기한 옮김, 푸른사상, 2005].

괴테, 요한 볼프강 폰. 『색채론』. 장희창 옮김. 서울 : 민음사, 2008.

데카르트, 르네. 『정념론』. 소두영 옮김. 서울 : 동서문화사, 2007.

들뢰즈, 질. 『시네마2 : 시간-이미지』. 이정하 옮김. 서울 : 시각과 언어, 2005.

_____. 『스피노자의 철학』. 박기순 옮김. 서울 : 민음사, 2001.

_____. 『프루스트와 기호들』. 서동욱 옮김. 서울 : 민음사, 1997.

리쾨르, 폴. 『시간과 이야기』. 김한식, 이경래 옮김. 서울 : 문학과 지성사, 2003.

뵐플린, 하인리히. 『미술사의 기초개념』. 박지형 옮김. 서울 : 시공사, 1994.

에이젠슈타인, 세르게이. 『영화의 형식과 몽타쥬』. 정일몽 옮김. 서울 : 영화진흥공사, 1990.

발라즈, 벨라. 『영화의 이론』. 이형식 옮김. 서울 : 동문선, 2003.

바쟁, 앙드레. 『영화란 무엇인가?』. 박상규 옮김. 서울 : 시각과 언어, 2001.

베르그송, 앙리. 『사유와 운동』. 이광래 옮김. 서울 : 문예출판사, 2001.

사르트르, 장-폴. 『상상력』. 지영래 옮김. 서울 : 기파랑, 2008.

프롬, 에리히. 『소유냐 존재냐』. 최혁순 옮김. 서울 : 범우사, 1999.

인용 영화

Antonioni, Michelangelo. dir. *L'Eclisse*. Italia, France, 1962 [미켈란젤로 안토니오니, 〈일식〉].

_____. dir. *Il Deserto Rosso*. Italia, France, 1964 [〈붉은 사막〉].

_____. dir. *Blow Up*(욕망). Italia, England, 1966 [〈욕망〉].

Beckett, Samuel. Screenplay. *Film*. Schneider, Alan. dir. United States, 1965 [사무엘 베켓, 〈영화〉].

Bergman, Ingmar. dir. *Summer with Monica*. Sweden, 1953 [잉마르 베르히만, 〈모니카와의 여름〉].

_____. dir. *Autumn Sonata*. United States, 1978 [〈가을소나타〉].

Boetticher, Budd. dir. *Seminole*. United States, 1953 [버드 보에티처, 〈세미놀〉].

Chaplin, Charles. dir. *Circus*. United States, 1928 [찰리 채플린, 〈서커스〉].

_____. dir. *Modern Times*. United States, 1936 [〈모던 타임즈〉].

De Sica, Vittorio, dir. *Ladri di Biciclette*. Italia : Mayer, 1948 [비토리오 데 시카, 〈자전거 도둑〉].

_____. dir. *Umberto D*. Italia, 1952 [〈움베르토 D〉].

Dreyer, Carl Theodor. dir. *La Passion de Jeanne d'Arc*. Germany, 1928 [칼 드레이어, 〈잔 다르크의 수난〉].

Eisenstein, Sergei. dir. *The Battleship Potemkin*. USSR, 1925 [세르게이 에이젠슈타인, 〈전함 포템킨〉].

Flaherty, Robert. *Nanook of the North*. United States, 1922 [로버트 플레허티, 〈북극의 나누크〉].

Ford, John. dir. *Stagecoach*. United States, 1939 [존 포드, 〈역마차〉].

_____. dir. *How green was my valley*. United States, 1941 [〈나의 계곡은 푸르렀네〉].

_____. dir. *Wagon Master*. United States, 1950 [〈웨곤 마스터〉].

Griffith, David, Wark. dir. *Enoch Arden*. United States, 1911 [데이비드 그리피스, 〈이녹 아든〉].

Hawks, Howard. dir. *Rio Bravo*. United States, 1959 [하워드 혹스, 〈리오 브라보〉].

_____. dir. *El Dorado*. United States, 1967 [〈엘도라도〉].

Lang, Fritz. *Die Nibelungen*. Germany, 1924 [프리츠 랑, 〈니벨룽겐〉].

_____. M. Germany, 1931.

L'Herbier, Marcel. dir. *El Dorado*. France, 1921 [마르셀 레르비에, 〈엘도라도〉].

Peckinpah, Sam. dir. *Major Dundee*. United States, 1965 [샘 페킨파, 〈메이저 던디〉].

_____. dir. *The Wild Bunch*. United States, 1969 [〈와일드 번치〉].

Penn, Arthur. dir. *Little Big Man*. United States, 1970 [아서 펜, 〈작은 거인〉].

Rossellini, Roberto. dir. *Germania Anno Zero*. Italia, 1947 [로베르토 로셀리니, 〈독일영년〉].

Sternberg, Joseph von. dir. *The Scarlet Empress*, United States, 1934 [요제프 슈테른베르크, 〈진홍의 여왕〉].

Murnau, Friedrich Wilhelm. dir. *Der Letzte Mann*. Germany, 1924 [무르나우, 〈마지막 웃음〉].

_____. dir. *Faust*. Germany, 1926 [〈파우스트〉].

_____. dir. *Tartuffe*. Germany, 1926 [〈타르튀프〉].

Sjöström, Victor. dir. *The Wind*. United States, 1928 [빅토르 쇼스트롬, 〈바람〉].

Vidor, King. dir. *The Crowd*. United States, 1928 [킹 비더, 〈군중〉].

Visconti, Luchino. dir. *Obsessione*. Italia, 1945 [루치노 비스콘티, 〈강박관념〉].

_____. dir. *Rocco e i Suoi Fratelli*. France, Italia, 1960 [〈로코와 그의 형제들〉].

小津安二郞(Ozu Yasujiro). 『晚春』. 東京, 松竹, 1949 [오즈 야스지로, 〈늦봄〉].

_____. 『麥秋』. 東京, 松竹, 1951 [〈초여름〉].

_____. 『東京暮色』. 東京, 松竹, 1957 [〈동경의 황혼〉].

_____. 『浮草』. 東京, 松竹, 1959 [〈부초〉].

_____. 『秋日和』. 東京, 松竹, 1960 [〈가을 햇살〉].

이미지 출처

3쪽 : 제프 사피(Jef Safi), 〈Rhizoming the plane of emergence . .〉(http://www.flickr.com/photos/jef_safi/)

:: 용어 찾아보기